유아 논리 및 논술

이혜정 · 한주희

창지사

머리말

우리는 지속적으로 변화하는 사회를 살아간다. 누구나 자유롭게 생각할 수 있으며 새로운 변화나 각자의 의견을 제시하는 것에 대해 긍정적으로 받아들여지는 사회를 살고 있다. 그럼에도 불구하고 한국의 사회갈등 지수는 최근 10여 년간 경제협력개발기구(OECD) 국가 중 2~4위 수준으로 평가되고 있다. 이 때문에 한국사회가 치러야 할 비용도 연간 평균 80조 원이 넘었다. 이러한 갈등을 해소하기 줄이기 위해서는 사회 구성원 모두가 효과적이고 올바르게 사고할 수 있는 역량을 증진시키는 것이 중요하다.

최근 유아교육현장에서는 유아들의 놀이를 목적에 맞는 경험으로 확장하도록 하고 있다. 놀이 가운데 다양한 사회 이슈에 대해 알고 그에 대해 생각하는 힘을 기르는 것은 문제상황이 일어났을 때, 그에 대한 비판적 사고를 통해 합리적인 사고와 더불어 창의적 사고를 할 수 있도록 도움을 준다. 특히 교육적이라고 생각되는 특정 사건에 대해서만 하는 것이 아니라 유아가 경험하는 삶 속에서 일어나는 크고 작은 다양한 상황, 세계적으로, 나라적으로 일어나고 있는 다양한 상황이나 문제에 대해 지속적으로 생각하는 힘을 기르는 것이 필요하다.

이에 예비교사들에게 논리적 사고에 대한 경험을 제공하고 사회를 바라보는 시선, 문제상황을 해결하는 다양한 방법을 알아보는 것이 필요하다고 생각하여 본 교재의 방향성을 잡고자 하였다.

첫째, 예비 유아교사가 경험하는 사고의 과정에 대해 아는 것과 다양한 사고를 경험 할 수 있는 실제가 필요하다.

둘째, 예비 유아교사가 창의적인 사고를 하고 논리적인 글을 쓸 수 있어야 한다.

셋째, 유아교육현장에서 유아의 논리적 사고를 지원할 수 있도록 유아의 사고발달에 대해 알 필요가 있다.

넷째, 플립러닝 같은 새로운 형태의 교수방법을 적용하여 예비 유아교사의 자기주도학습이 이루어질 수 있도록 하는 교재가 필요하다.

이러한 관점에서 각 장마다 자기주도학습을 통해 책의 내용을 수업 전에 미리 정리하고 이론에 따른 수업자료를 통해 예비 유아교사 간의 상호작용이 활발히 이루어지고 토론이 일어날 수 있도록 활동을 제시하였다. 이를 통해 교수자는 수업자료에 제시된 영상을 활용하거나 활동을 진행하면서 학생간의 협동학습을 지원함과 동시에 개별교수가 이루어질 수 있기를 기대한다.

먼저 1부는 1장 사고와 사고력, 2장 논리적 사고, 3장 창의적 사고, 4장 유아와 사고, 5장 논술로 제시하였다. 2부는 실제부분으로 1장 놀이 상황에서의 논리적 사고 활동, 2장, 창의적 사고에 따른 활동, 3장, 글쓰기에 따른 활동을 제시하였다. 이 교재를 통해 교수자와 예비 유아교사가 논리 및 논술 수업을 진행하는데 도움이 되기를 기대하며 부족한 교재를 제작하는데 도움을 준 창지사 관계자 여러분에게 감사를 드린다.

2023. 3

저자일동

차례

1부
이론편

유아 논리 및 논술

CHAPTER 01

사고와 사고력

다양한 사고과정에 있어 '논리는 무엇인가?'에 대해 알아가기 위해서는 '사고가 어떻게 이루어지는가?'에 대해 알아가는 것이 논리의 첫걸음이라고 할 수 있다. 본 장에서는 논리 및 논술에 대한 개념을 정립하기 위해 본 장에서는 '논리'가 이루어지기 위한 사고에 대해 알아보고자 한다.

1. 사고

1) 사고의 개념
2) 사고과정
3) 사고양식
4) 사고기술

2. 사고력

1) 사고력의 개념
2) 사고력의 중요성
3) 다양한 사고의 범주

목표

- 사고에 대한 개념을 안다.
- 사고의 과정에 대해 안다.
- 사고력의 중요성에 대해 안다.

1 사고

1) 사고의 개념

우리는 논리 및 논술 교과를 배우기 위해 먼저 '사고'라는 용어에 대하여 알아볼 필요가 있다. '사고'라는 용어는 흔히 '생각'이라는 말과 같은 의미로 사용할 때가 종종 있다. 표준국어대사전에 나타난 뜻을 살펴보면 '사고'는 첫째, 생각하고 궁리하는 것, 둘째, 심상이나 지식을 사용하는 마음의 작용에 따라 문제를 해결하는 것, 셋째, 개념, 구성, 판단, 추리 따위를 행하는 인간의 이성 작용이다. 이에 반해 '생각'은 첫째, 사물을 헤아리고 판단하는 작용, 둘째, 어떤 사람이나 일 따위에 대한 기억, 셋째, 어떤 일을 하고 싶어 하거나 관심을 가지는 것 넷째, 어떤 일을 하려고 마음을 먹음, 다섯째, 앞으로 일어날 일에 대하여 상상해 보는 것이다. 따라서 사고와 생각의 차이를 살펴보면 '생각'은 공상, 망상, 환상과 같은 상상도 포함하고 있으나 '사고'는 이를 포함하지 않고 있다는 점에서 미세한 차이를 보이며 생각의 범위가 사고의 범위보다 넓다고 볼 수도 있다.

더 나아가 사고에 대해 구체적으로 살펴보면, 한자어적인 측면에서 사고의 사(思)는 생각, 심정, 뜻을 의미하며 고(考)는 깊이 헤아리다. 살펴보다, 관찰하다는 뜻을 가진다. 이에 사고는 생각하고 궁리하는 것을 의미하며 심리적으로나 지식을 사용하는 마음의 작용이라고 볼 수 있다. 즉 사고란 지적인 작용으로 개념, 판단, 추리를 바탕으로 어떠한 상황에 처했을 때, 그 상황에 대한 지각, 이해, 파악하는 과정이라 할 수 있다.

2) 사고과정

사고는 우리의 뇌에서 일어난다. 우리의 뇌는 순간에도 많은 생각을 하고 판단을 할 수 있다. 다음은 일상에서 경험할 수 있는 사고과정이다.

교실 문을 뛰어 들어간다. 앞문으로 교수님께서 걸어 들어오고 있다. 친구들의 이야기 소리가 들린다. 창문 쪽 자리에서 친한 친구가 손을 흔든다. 빨리 걸어야지. 빨리 앉아야겠다. 교수님께서 출석 체크를 하려 한다. 아싸! 오늘은 지각이 아니다.

교실에 뛰어 들어가는 과정에서 순간적으로 생각하는 과정, 판단 그에 따른 결과까지 글로 적어 보면 장황한 내용으로 보이지만 짧은 순간에 일어나는 일이다. 정보를 받아들이고 분석하고 상황을 판단하여 몸을 움직이도록 하는 것, 사고 과정뿐 아니라 정서 조절까지 하는 것이 뇌의 기능이다. 뇌는 다양한 지각을 통해 우리의 행동과 사고를 관장한다. 따라서 뇌에 대해 알아볼 필요가 있다.

뇌는 크게 대뇌, 소뇌, 뇌간(연수, 중뇌, 간뇌)의 3부분으로 나누어 볼 수 있다. 그 중 사고를 관장하는 뇌는 대뇌이며 대뇌는 기억, 사고, 판단, 상상, 추리 등 고도의 정신 활동을 담당한다. 뇌의 가장 바깥쪽 부분이자 뇌의 가장 큰 부분인 대뇌는 전두엽, 두정엽, 측두엽, 후두엽으로 구성되어 있고, 뇌 기능이 정상적으로 실행되기 위해서는 대뇌의 여러 영역이 활발히 상호작용해야 한다.

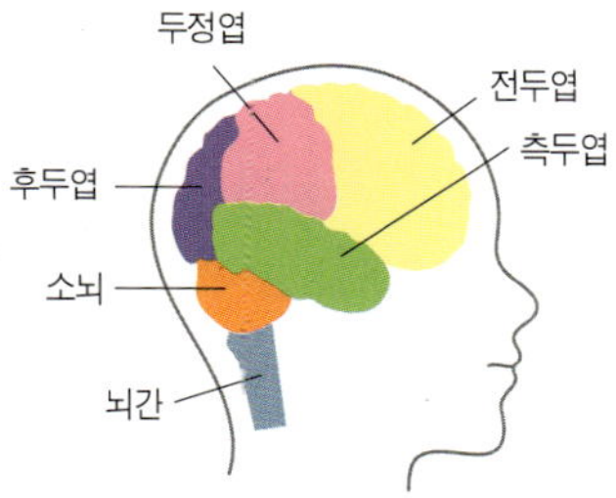

• 전두엽

전두엽은 사람의 뇌에서 가장 늦게 완성되는 부분으로 유아기를 거치면서 1차적으로 완성되지만, 유아기 이후에도 지속적으로 발달한다. 이러한 전두엽은 기억력과 사고력에 대한 인간의 고등행동을 관장한다. 전두엽은 상황에 대한 인지, 주의집중, 동기부여, 상황판단이나 문제 상황 인식 및 해결에 대한 전반적인 사고과정이 이루어지는 곳이다. 또한 문제상황에 대하여 논리적 사고나 추상적 사고를 하거나 도덕성, 공감을 통해 이성적 판단이나 의사결정을 함으로써 동물과 인간의 차이를 만들어낸다. 사고의 전반적인 내용을 종합하고 목표를 설정하거나 계획하는 것, 실행하는 것을 전담하는 전두엽이 손상되면 사고기능이 둔화됨에 따라 정보를 처리하는 능력 저하되어 상황 판단에 대한 반응이 느려지거나 주의력이 저하되는 모습을 보이게 된다.

• 후두엽

후두엽은 뇌 뒤쪽에 있으며, 후두엽에는 시각 중추가 있다. 눈을 통해 들어온 시각 정보는 후두엽에 전송되고 후두엽은 눈으로 확인한 것에 대해 사물일 경우 모양이나 위치, 운동 상태를 확인하고 해석하며 인간의 시각적 기억 형성을 가능하도록 한다. 따라서 시각 피질이 손상되면 두 눈이 정상적으로 특정 사물을 보고 있어도 그 사물이 무엇인지 인지할 수 없는 상황에 이르게 된다.

• 측두엽

측두엽에는 청각 피질이라고 부르는 작은 청각 조절 중추가 있으며, 다른 부위에서는 인지 기능과 기억 기능을 조절하고 있다. 보통 측두엽의 왼쪽은 언어의 이해력을 통제하고 측두엽의 오른쪽은 음향 및 음악에 대한 기억력을 통제한다. 따라서 각 부위가 손상을 입게 되면, 언어의 기억력이나 이해력이 급격하게 저하되기도 하고 음향 및 음악에 대한 기억력이 저하될 수 있다.

• 두정엽

두정엽은 외부로부터 오는 정보를 조합하는 곳으로, 감각 정보를 해석하고 공간 인지 및 방향감각을 유지해 주며 기억 저장 능력을 가진다. 따라서 두정엽이 손상을 받으면 왼쪽과 오른쪽을 구분하기 힘들고, 계산과 글쓰기에서 여러 문제가 생길 수 있다.

사고과정이란 감각기관을 통해 들어온 정보를 뇌에서 조직하고 해석하는 과정이다. 이 과정은 감각기관이 지각하는 대상물이 개별적으로 시각, 촉각, 후각, 미각, 청각 등의 감각에 나타나는 것을 뜻하는 감각작용(sensation)과는 구별된다. 감각작용이 생리적인 현상이라면 지각은 심리적인 현상이며 생리적인 현상과 동시에 심리적인 현상이 아우러져 사고과정이 이루어진다고 볼 수 있다.

이러한 감각작용의 생리현상과 지각작용의 심리현상은 순간적으로 사고과정에 영향을 준다. 시각이라는 감각작용을 통해 상황을 인지하거나 물체를 인식하는 것은 후두엽을 통해 인지되고, 귀를 통해 들려오는 소리는 측두엽을 통해 인지된다. 또한 시각적인 측면과 청각적인 측면에서 받아들인 단서와 공간적인 측면에 대하여 두정엽이 인지하고 이를 통합적으로 판단하게 되는 것이 전두엽이다. 특히 전두엽에서는 사람이 감각작용으로 얻은 객관적인 사항에 대한 것만을 다루기보다 자신이 가지고 있는 신념이나 경험, 상황에 대한 내용을 종합하여 판단하게 된다.

이러한 자신의 신념이나 경험에 대한 내용은 구성주의 측면에서 설명할 수 있다. 사람은 새로운 상황에 직면하였을 때 기존에 가지고 있는 선지식을 활용하여 문제나 사물을 바라본다. 선지식이란 이전에 지각하였던 경험에 따라 생성된 지식이며 이를 근거로 새로운 정보를 받아들이는 것이다. 이를 피아제는 도식, 동화, 조절, 평형화의 이론으로 제시하였다. 이러한 모든 형태의 지각 활동을 포괄하는 일반적인 개념을 인지라고 하며, 이러한 인지작용이 이루어지는 과정을 인지과정 또는 사고과정이라고 할 수 있다. 결론적으로 이미 알고 있는 개념에 새롭게 지각하고 획득한 정보를 종합하여 계획을 세우거나 문제를 분석하여 정보를 처리하는 과정, 추리 및 판단의 과정을 사고과정이라 할 수 있다.

사고과정은 사고를 형성하는 세 요소인 지식, 사고기술, 사고양식 및 태도가 일련의 절차에 작용하면서 이루어진다. 사고과정은 개인이 가지는 고유의 사고양식에 따라 달라지기도 하고 사고 기술에 따라 사고과정이 달라지기도 한다. 예를 들어 창의적, 확산적 사고를 잘하는 사람의 사고양식과 수렴적 사고, 분석적 사고를 잘하는 사람의 사고양식은 같은 상황이라 할지라도 다른 결과로 나타난다. 그에 따른 사고과정을 구체적으로 보았을 때, 창의적 사고과정은 준비, 부화, 통찰, 검증이라는 사고절차에 사고를 구성하는 세 요소가 작용하면서 이루어지고, 분석적 사고과정은 비교, 분석, 추론의 작용으로 이루어진다. 따라서 개인의 사고양식이 어떠한지 알아보고 다양한 사고를 할 수 있는 역량을 기르는 것이 필요하다.

3) 사고양식

사고양식은 스턴버그(Sternberg, 1997)가 정신자치제 이론(theory of mental self-government)을 기초로 개인이 선호하는 사고양식을 13가지 유형으로 분류한 것이다. 사람들은 어떤 상황에 직면하였을 때 자신이 가진 지능과 성격에 따라 다양한 방법을 사용한다. 정신자치제 이론에서는 사람을 정부의 형태와 같이 보고, 자기의 생각을 스스로 조직화하여 과정을 다양한 성격의 정부 형태로 보여준다. 정부를 기능, 형식, 수준, 범위, 경향으로 나누어 보았을 때 인간의 사고양식도 기능, 형식, 수준, 범위, 경향 등으로 나누어 설명하고 있다고 보는 것이다(정은주, 2019).

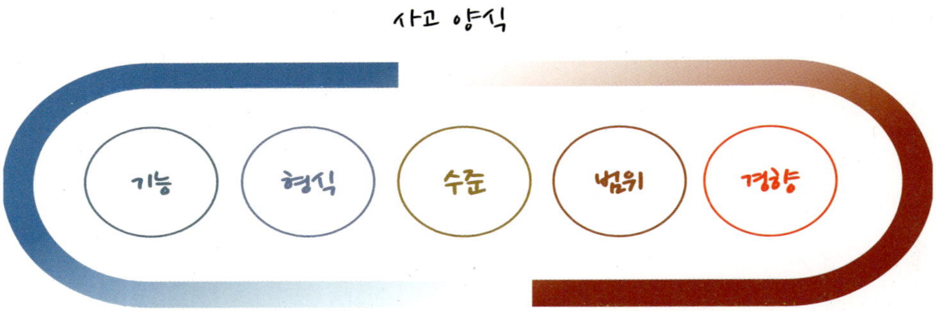

(1) 기능(Function)

사고유형은 기능에 따라 입법형, 행정형, 사법형으로 나누어진다. 정부가 갖는 입법적, 행정적, 사법적 기능에 따라 인간의 정신도 같은 기능을 수행한다고 본다. 첫째, 입법형 사고기능을 가진 사람은 창조적인 작업을 좋아하며 틀이나 구조 없이 자신의 방식으로 일을 구상하고 계획하는 등 창의성을 요구하는 과제를 선호한다. 둘째, 행정형 사고기능의 사람은 업무와 규칙, 안내, 지침 등이 정확한 상황에서 일하는 것을 좋아하며 해야 할 일에 대하여 분명한 지침이 이미 있는 상태에서 과제를 수행하는 것을 선호한다. 셋째, 사법형 사고기능의 사람들은 과제 수행이나 일을 하는데 있어 그에 대한 질이나 가치 효율성을 중요시하며 그에 따른 판단이나 비교 평가하는데 관심을 갖고 그에 따른 효율성을 선호한다.

사고양식	의미	예
입법형	• 아이디어를 사용하여 계획 • 자신의 규칙을 창조 • 자기만의 방식으로 일처리	• 창조적인 발명, 소설, 음악 등의 예술창작 선호 • 교재와는 무관한 탐구, 과학과제 선호
행정형	• 구조나 지침에 따라 작업 • 존재하는 규칙에 따라 구조화된 활동을 추구	• 주어진 매뉴얼에 따라 보고서 작성, 설계, 자료학습을 함 • 공식화를 통해 문제해결 • 타인의 의견을 발전시키기를 선호
사법형	• 사람과 사물에 대하여 판단하고 평가 • 규칙을 평가하고 판단하는 것을 선호	• 논평이나 비평하기, 주석이나 평론 쓰기 • 타인의 의견에 대한 평가 및 조언하기를 선호

(2) 형식(Form)

사고유형은 형식에 있어 정부가 갖는 여러 가지 형태에 따라 군주형, 계급형, 과두형, 무정부형으로 나누어 보고 인간의 정신도 정부와 같은 형식을 갖는다고 보는 것이다. 첫째, 군주형 사고 형식의 사람은 한 가지 과제에 초점을 두고 그 일이 완성될 때까지 전념하는 것을 선호하며 단일 목표나 방식을 설정하여 일 처리하는 것을 선호한다. 둘째, 계급형 사고형식의 사람은 일의 중요도에 따라 체계적으로 목표를 달성하거나 일을 처리하는 것을 선호한다. 셋째, 과두형 사고형식의 사람은 일에 있어 우선순위를 두지 않고 여러 가지 일을 동시에 수행하는 방식을 선호한다. 우선순위 없이 동시에 여러 가지 다양한 목표나 일을 수행하는 과정에서 다른 사람이 재촉하는 것을 먼저 하는 편이다. 넷째, 무정부형 사고형식의 사람은 규칙, 절차, 규범, 지침, 체제 등 형식을 거부하며 스스로 융통성을 부여하여 문제를 해결하는 것을 선호한다.

사고양식	의미	예
군주형	• 한 번에 한 가지 일이나 목표 및 요구에만 집중하는 경향 • 어떤 것을 우세하게 하는 단일 목표나 방법을 알고 있음	• 전문적 영역에 몰입함 • 어떤 분야든지 단일과제에 전념하기를 좋아함
계급형	• 일의 우선순위와 중요성을 설정하여 계획대로 동시에 여러 가지 일을 진행 • 같은 시간 틀 안에서 우선적으로 다중 과제를 수행하는 방법을 알고 있음	• 작업의 중요도 또는 일의 중요성에 따라 우선순위를 계획한 다음 순차적으로 진행함 • 더 많은 시간과 에너지를 더 중요하고 어려운 과제에 집중할 수 있도록 과제를 나누는 방법을 알고 있음
과두형	• 일의 우선순위와 중요성에 상관없이 동시에 여러 가지 일을 진행하는 경향 • 각각의 목표를 동일하게 중요하게 생각하고 다중목표를 추구함.	• 요구할 때마다 수시로 작업순서 변경되어 진행함 • 동시에 많은 과제를 착수하지만, 충분한 시간과 과제에 대한 우선순위가 없으므로 처리하는데 어려움이 있음
무정부형	• 규칙과 절차 및 형식적 체제에서 벗어나 임의적으로 접근하는 것을 선호	• 계획을 세우지 않고 우선적으로 일할 과제를 선택함 • 정해진 교육과정을 준수하기 싫어하고 마감시간을 지키는데 어려움이 있음

(3) 수준(Level)

사고유형의 수준은 정부가 갖는 전체적, 부분적 수준에 따라 인간의 정신도 같은 수준을 갖는다고 보는 것이다. 이러한 수준은 전체형과 부분형으로 나누어 볼 수 있다. 첫째, 전체형 사고수준의 사람은 문제가 일어났을 때 전체적인 윤곽에 관심을 갖고 추상적, 포괄적으로 문제를 인식하여 일반적이고 추상적인 과제나 문제를 해결하며 이상적인 세계를 지향하는 활동을 선호한다. 둘째, 부분형 사고수준의 사람은 문제의 특수한 사항에 관심을 갖고 세부적이고 구체적이며 정확성을 요구하는 문제를 선호하고 실질적인 세계를 지향한다. 부분형 사고의 사람은 세밀하고 구체적인 문제들을 다루는 것을 선호하므로 타인에게 말할 때 사건의 사소한 사항도 구체적으로 이야기하는 사람이라고 할 수 있다.

사고양식	의미	예
전체형	• 전체적이고 일반적이며 총체적인 윤곽에서 문제를 파악함. • 거시적 추상적 일반적인 사고를 요구하는 문제를 선호	• 전체적인 맥락과 의미 부여에 따라 작업을 결정 • 인류의 특별한 발견의 중요성에 대해 확인하는 것을 좋아함
부분형	• 미시적, 특정적, 구체적인 것을 선호함. • 세부적이고 특정적이며 구체적인 사건 및 정확성이 요구되는 일을 선호	• 세부적이고 설명하는 작업방식을 선호 • 실험 세부지침에 대해 세부 사항들을 설명하고 상호작용하는 과정에 대해 알아가는 것을 좋아함

(4) 범위(Scope)

사고유형의 범위는 정부가 갖는 국외적으로나 국내적 범위에 따라 인간의 정신도 외부지향적 혹은 내부지향적 범위를 갖는다고 보는 것이다. 첫째, 외부지향형 사고범위의 사람은 관계 지향적이어서 사교성이 풍부하고 협동 과제를 선호하며 타인과 함께 이야기하면서 상호작용하여 문제를 해결하는 것을 선호한다. 둘째, 내부지향형 사고양식의 사람은 자기충족적 경향을 갖고 있으며 혼자 수행할 수 있는 과제 지향적, 독립적인 과제를 선호한다.

사고양식	의미	예
외부지향형	• 타인과 협업하여 함께 일하고 상호 의존적으로 문제를 해결하려는 경향	• 공동작업, 다학문적 연구를 선호, 집단 내에서 공동 연구를 좋아함
내부지향형	• 자기방식에 맞춰 혼자 일하고 내부에 초점을 두고 독립적으로 떨어져 혼자 일하는 것을 선호	• 깊은 성찰, 독립적인 연구를 선호, 사회 및 과학 분야의 독립적인 연구를 좋아함

(5) 경향(Leaning)

사고유형의 경향은 정부가 갖는 정치적 경향에 따라 인간의 정신도 자유적, 혹은 보수적 경향을 갖는다고 보는 것이다. 첫째, 자유형 사고경향의 사람은 새로움과 모호함이 포함된 과제에 참여하기를 즐기며 일을 처리할 때 자신의 해결책을 선호하여 새롭고 더 좋은 방법을 찾는다. 둘째, 보수형 사고경향의 사람들은 기존의 규칙과 절차가 존재하는 과제를 선호하고 규칙과 절차를 고수하여 기존의 전통적인 방법을 그대로 사용한다.

사고양식	의미	예
자유형	• 전통적인 방식을 탈피하여 새로운 방식으로 일하려는 경향 • 자신의 생활에 변화 주기, 기존의 규칙에 도전하는 것을 선호	• 좋은 방법이 아니어도 새로운 작업방식으로 도전함 • 개방된 교실 상황을 선호함
보수형	• 전통적인 방식을 활용하여 문제를 해결하려는 경향 • 친밀감과 전통 및 안정을 좋아하고 이미 시도된 일을 진실한 방법으로 하는 것을 선호	• 기존방식을 통해 새로운 것을 이해하고자 함 • 전통적인 방법으로 새로운 것을 이해하고자 함 • 전통적인 교실 상황을 선호함

4) 사고기술

사고기술은 사고하는데 필요한 방법적 정신 활동이다. 새로운 상황에 직면하였을 때 사람은 기존에 가지고 있는 선지식을 활용하여 문제나 사물을 바라본다. 이때 필요한 기술은 관찰, 비교, 분류, 추론, 분석, 종합, 평가 등이 있다. 이러한 사고의 기술 중 관찰과 비교, 분류, 분석, 종합에 대해 알아볼 수 있다.

사고의 기술

(1) 관찰(observation)

관찰이란 사물의 실태를 객관적으로 파악하기 위하여 주의 깊게 살펴보는 것을 의미한다. 이러한 관찰은 어떠한 물체나 사물에 대하여 우리의 감각기관이나 도구를 활용한 정보수집이 될 수도 있고 사건에 대해 객관적인 측면을 파악하기 위해 있는 그대로의 현상을 알아보는 것일 수도 있다. 철학적 측면에서는 '어떤 대상이나 과정이 어떻게 존재하며 어떻게 하여 생겨나는가'에 대한 있는 그대로의 사실을 확인하는 것을 의미하며, 교육학적 측면에서의 관찰은 타인의 행동을 관찰함으로써 그 사람의 행동과 같은 행동을 학습하는 것을 의미하기도 한다.

관찰 방법에 대한 예를 살펴보면 다음과 같다.

객관적 관찰	감각기관 활용	• 사과가 빨갛게 익었구나 • 지저귀는 새소리가 들리는 것을 보니 근처에 새가 날아왔나 보구나
	도구활용	• 물을 냉동실에 넣으면 어떻게 될까? • 옥수수를 불에 가열하면 어떻게 변할까?
철학적 관찰		• 낮과 밤은 계속된다. 낮만 계속된다면, 밤만 계속된다면 어떤 일이 생길까? • 내가 매일 닭을 보다 보니 닭이 알을 낳고 그 알에서 병아리가 깨어났다. 또한 병아리가 닭이 되어 다시 알을 낳는 모습을 보았다. 닭이 먼저인가? 알이 먼저인가?
교육적 관찰		• 우리 반 선생님은 걸어가실 때 손을 가지런히 모으고 걸어가신다. 나도 걸어갈 때는 손을 모으고 가야지. • 우리 엄마는 일어나자마자 양치를 하신다. 나도 일어나자마자 양치를 한다.

(2) 비교(comparison)

둘 또는 그 이상의 사물이나 현상을 견주어 서로 간의 유사점과 공통점, 차이점을 들어 표현하는 것이다. 이러한 비교는 작은 의미에서 비교와 대조로 나누어 볼 수 있는데 두 가지 이상의 대상에서 공통점을 찾아 설명하는 것을 비교라고 하고 두 가지 이상의 대상에서 차이점을 찾아 설명하는 것을 대조라고 할 수 있다.

비교 방법의 예로 강아지와 고양이에 대한 공통점과 차이점을 찾아볼 수 있다.

공통점	차이점
• 네 발로 걸어 다닌다. • 귀가 머리 위에 있다. • 꼬리가 있다.	• 강아지는 멍멍, 고양이는 야옹이라고 운다 • 강아지는 사람을 잘 따르지만, 고양이는 사람을 잘 따르지 않는다.

(3) 분류(classification)

대상을 유형별로 나누어 설명하는 것으로, 일정한 기준에 따라 대상을 범주화한 후 범주에 해당하는 대상의 특성을 설명하는 것이다. 광범위한 기준에서 같은 종류대로 묶거나 다른 종류를 나누어 놓는 과정을 통해 분류할 수 있으며 그에 따른 세부적인 기준으로 비교나 대조와 같이 물체에 대한 체계를 1차, 2차 분류하여 정리하고 차이를 알 수 있다.

분류 방법의 예로 광범위한 기준과 세부 기준으로 나누어 보면 다음과 같다.

광범위한 기준	1차 세부 기준	2차 세부 기준
탈 것	하늘	비행기, 헬리콥터
	땅	자동차, 기차, 버스, 오토바이
	바다	배

(4) 분석(analysis)

복잡하게 얽혀 있는 것을 자세히 관찰하기 위해 구성 요소를 하나씩 나누어 살펴보는 행위, 즉, 어떤 대상이나 복잡하게 얽혀 있는 하나의 현상을 단순한 요소나 부분들로 나누어 설명하는 방법이다. 얽혀 있거나 복잡한 대상을 개별적인 요소나 성질로 나누는 것이다.

분석 방법의 예는 아래 제시된 것에 대한 성질을 알아봄으로써 제시할 수 있다.

〈그네, 미끄럼틀, 그림책, 실로폰, 개구리, 토끼, 사자, 코스모스, 벚꽃, 개나리〉

<table>
<tr><th></th><th>1차</th><th>2차</th><th>3차</th></tr>
<tr><td>그네</td><td rowspan="4">생명이 없음</td><td rowspan="2">실외놀이</td><td rowspan="2">바깥놀이 자료</td></tr>
<tr><td>미끄럼틀</td></tr>
<tr><td>그림책</td><td rowspan="2">실내놀이</td><td>언어영역 자료</td></tr>
<tr><td>실로폰</td><td>음률영역 자료</td></tr>
<tr><td>개구리</td><td rowspan="6">생명이 있음</td><td rowspan="3">동물</td><td>파충류</td></tr>
<tr><td>토끼</td><td rowspan="2">포유류</td></tr>
<tr><td>사자</td></tr>
<tr><td>코스모스</td><td rowspan="3">식물</td><td>가을에 피는 꽃</td></tr>
<tr><td>벚꽃</td><td rowspan="2">봄에 피는 꽃</td></tr>
<tr><td>개나리</td></tr>
</table>

(5) 추론(reasoning)

추론은 이미 수집된 정보 및 자료를 근거로 삼아 다른 판단을 이끌어내는 것이다. 알고 있는 정보, 즉 몇 개의 근거나 증거를 바탕으로 새로운 사실을 알아내거나 어떤 사실이 성립되어 있음을 미루어 추측하는 것이기도 하며 추론하는 것을 말로 나타내면 논증의 형태가 된다.

우리가 흔히 알 수 있는 추론의 예는 다음과 같다.

- 얼음이 녹는다.
- 개나리가 피기 시작하였다. ⟶ 봄이 오고 있다.
- 개구리가 보인다

(6) 종합(synthesis)

몇 개의 요소를 결합하여 하나의 전체로 통일하는 것, 원인과 결과를 알고 그에 따른 결론을 내는 것, 독립된 혹은 분리된 사고의 요소들을 하나의 논리적 구성으로 통합하는 과정과 그 결과이다.

2 사고력

1) 사고력의 개념

사고력이란 생각하는 힘, 궁리하는 힘을 일컫는다. 생각하는 능력은 첫째, 주어진 문제에 대하여 스스로 질문을 하고 적절한 답을 내리는 능력으로 문제를 해결하는데 요구되는 기본적인 지식을 의미한다. 둘째, 사고의 활동을 보다 적극적으로 할 수 있도록 돕는 심리적인 특성으로 문제 상황에 대처하기 위한 자세라고 할 수 있다. 셋째, 복잡한 문제에 대하여 문제를 해결해 보고자 다양한 방법으로 접근해 보는 인지적인 조작기능, 효율적인 방법을 찾거나 해결해 나아가는 과정이다. 곧 사고력이란 문제 상황에 직면하였을 때 합리적으로 문제를 규정하고 그 문제에 대처하기 위한 사고를 하는 데 유목적적이며 의도적인 지적활동을 하는 것이라 할 수 있다. 이러한 측면에서 성일제(1989)는 사고력에 대하여 인간이 문제 상황에서 합리적으로 문제를 규정하고 해결하는 과정에서 이루어지는 유목적적이며 의도적인 지적능력이라고 하였다. 따라서 사고력은 새로운 상황에서 문제를 명확하게 파악하는 능력, 문제를 해결할 수 있을 만한 가설을 형성하는 능력, 유용한 자료수집의 능력, 가설을 검증할 수 있는 능력, 새로운 문제에 적용하는 능력이라 할 수 있다.

2) 사고력의 중요성

우리는 지속적으로 변화하는 사회를 살아간다. 누구나 자유롭게 생각할 수 있으며 새로운 변화나 각자의 의견을 제시하는 것에 대해 긍정적으로 받아들여지는 사회를 살고 있다. 사회 구성원 모두가 효과적이고 올바르게 사고할 수 있다면 합리적으로 사회의 목표에 도달할 수 있을 것이다. 그러나 사회 구성원의 사고가 편협적이거나 개인만 생각한다면 타인과의 관계에서 불화가 일어날 가능성이 높아지고 사회의 목표를 이루는데 어려움을 경험하거나 목표에 다가가는데 시간이 오래 걸린다.

개인적인 문제나 사회적인 문제에 대해서 통합적 사고를 통해 타당하다고 생각되는 정보나 견해를 밝히는 것, 밝혀진 정보나 견해에 대하여 토론하거나 협의하는 과정, 토론과 협의를 통해 합리적인 결정으로 나아가는 것은 사고력이 바탕이 되었을 때 나타날 수 있는 것이다. 따라서 현대사회나 미래 사회에서 합리적이고 성공적인 사회 구성원으로 성장할 수 있도록 사고력을 증진시키는 것은 매우 중요하다. 다음의 사례에 따라 사고력의 중요성에 대해 알아보고자 한다.

사례1

유치원의 원아가 줄어들기 시작하였다. 이에 원장은 교사에게 원아 홍보 전단지를 배포하고 현수막을 걸어 원아를 늘리고자 하였다. 그러나 원아는 늘지 않았다.

→ 사례1을 보았을 때 원장은 원아가 준 이유에 대하여 단순히 홍보가 안되었기 때문이라고 단정 지으며 전단지 배포와 현수막을 늘려 원아를 늘리고자 하였다. 과연 유치원에 원아가 준 이유는 홍보의 문제였을까? 원아가 준 이유는 다양하다. 유치원이 있는 동네의 연령이 높아짐에 따라 유아가 없는 동네일 수 있으며 재개발이 들어간 지역으로 인해 원아가 줄었을 수도 있다. 또한 교사에 대한, 원장에 대한 소문이 좋지 않을 수도 있으며 교육과정에 대한 학부모 만족도가 낮아서일수도 있다. 문제에 대한 원인을 파악하지 않고 대처할 경우 원하는 결과를 얻을 수 없다.

사례2

유아가 교사에게 물었다. "선생님 비는 왜 오는 거예요?" 그러자 교사는 "장마니까 비가 오는 거지"라고 이야기 하였다. 유아는 장마가 무엇인지 몰라 다시 물었다 "선생님 장마가 뭐예요?" 그러자 선생님은 "비가 오는 거야"라고 이야기하고 다른 친구에게 가버렸다. 그러자 유아는 한참을 가만히 서서 비를 바라보았다.

→ 사례2를 보았을 때 유아는 비에 관심을 가지고 비가 왜 오는 것인지에 대해 궁금해하였다. "비가 왜 오는 것인가"에 대한 문제에 대해 교사는 유아가 알지 못하는 '장마'라는 단어를 사용하였고 다시 그 단어에 대해 묻자 체계적으로 가르

쳐 주기보다 원점으로 돌아가 버렸다. 결국 유아는 한참을 가만히 서서 비를 바라보기만 하였다. 결국 유아는 비가 왜 오는지에 대해 알 수 없게 되었다. 만약 교사가 비가 왜 오는지, 비가 오는 과정에 대해 유아와 함께 알아보았다면 유아에게 학습이 일어날 수 있는 순간이 되었을 것이다.

즉, 생각하는 습관은 사고력을 증진시키는데 가장 기본이 된다. 생각하는 습관이라는 것은 특정 사건에 대해서만 하는 것이 아니라 우리 삶 속에서 일어나는 크고 작은 다양한 상황 및 문제에 대해 지속적으로 생각하는 힘을 기르는 것이다. 예를 들어 꽃이 핀 것을 보았을 때 "꽃이 어떻게 피었을까?"라는 생각이 들었다면 꽃이 피는 과정에 대해 생각해보고 알아보는 것이다. 오늘 하루가 즐거웠다면 "오늘 하루의 어떤 것이 나를 즐겁게 하였는가?"에 대해 생각해보는 것이다. 따라서 사고력을 증진시키기 위해서는 장소나 시간에 구애받지 않고 할 수 있기 때문에 언제 어디서나 생각할 수 있는 습관을 갖는 것이 필요하다.

사고력 향상을 위한 방법

사람들은 논리의 비약을 할 때가 많다. 이는 사고과정에서 그 차례나 순서를 따르지 않고 뛰어 넘어 가는 것을 의미한다. 사고력을 위해서는 내용적 측면, 과정적 측면, 구성적 측면에 대해 알아볼 필요가 있다.

- 내용적인 측면
  논리에 해당하는 각 상황에 대하여 셀 수 있는 것, 무형의 것, 단단한 것 등을 살펴보고 사고를 분석하는 것이다.
- 과정적 측면
  연구하고 생각하는 것으로 이전의 선 경험을 끌어와 사고과정을 거쳐 문제 상황을 이해하는 과정이다.
- 구성적 측면
  문제상황에 대해 앞뒤의 연관과 체계가 제대로 맞는가에 대한 것을 살펴보는 것이다.

출처: 김종률(2010)

3) 다양한 사고의 범주

다양한 사고의 하위 유형에 대하여 많은 학자들은 다양한 방법으로 규정하고 있다. 학자에 따라 비판적 사고와 추상적 사고로 나누어 보기도 하고 논리적 사고와 창의적 사고로 나누기도 한다. 한국교육과정평가원(2002)에서는 사고력에 대하여 7범주로 나누어 보았다. 사고력의 7범주 중 기호적 사고와 상징적 사고의 2개 범주는 전문화되고 특화된 사고 범주로 볼 수 있으나 나머지 5개 범주는 보편적이고 일반적인 수준의 사고능력이라 할 수 있다. 보편적이고 일반적인 수준의 사고능력 5개 범주 중에서 발산적 사고를 뺀 나머지 4개 범주 즉, 분석적 사고, 추론적 사고, 종합적 사고, 대안적 사고가 비판적 사고의 범주에 포괄되는 사고능력이라 할 수 있다.

수리성 방향의 최고 능력으로 기호적 사고(Formal Symbolic Thinking)가 있으며, 예술성 방향의 최고 능력으로 상징적 사고(Material Symbolic Thinking)가 있다. 기호적 사고는 수렴적 사고, 수직적 사고의 가장 마지막 스펙트럼에 있다고 할 수 있으며, 상징적 사고는 발산적 사고, 수평적 사고의 가장 마지막 스펙트럼에 있다고 할 수 있다. 이런 점에서 두 사고능력은 매우 중요한 사고능력이기는 하지만 보편적이고 일반적 사고능력인 비판적 사고에 관한 논의를 할 때는 그 차지하는 비중이나 관련성이 상대적으로 작다.

<table>
<tr><th>수리성방향</th><th colspan="5">비판적 사고</th><th>예술성방향</th></tr>
<tr><td>기호적 사고 (Formal Symbolic Thinking)</td><td>분석적 사고 (Analytical Thinking)</td><td>추론적 사고 (Inferential Thinking)</td><td>종합적 사고 (Synthetical Thinking)</td><td>대안적 사고 (Alternative Thinking)</td><td>발산적 사고 (Divergent Thinking)</td><td>상징적 사고 (Material Symbolic Thinking)</td></tr>
<tr><td></td><td>개념적 분석
텍스트 분석</td><td>분석적
추론:연역
종합적
추론:귀납</td><td>논리 퍼즐
의사결정
민감성
전체적
조감</td><td>관점,
발상전환,
대안, 창안,
시야,
시계확장,
시각,
지평전환,
재정의,
발상전환적
문제해결</td><td>유창성,
융통성,
독창성,
정교성</td><td></td></tr>
<tr><td colspan="4">논리적 사고</td><td colspan="3">창의적 사고</td></tr>
<tr><td colspan="5">광의의 논리적 사고</td><td colspan="2">협의의 창의적 사고</td></tr>
<tr><td colspan="3">협의의 논리적 사고</td><td colspan="4">광의의 창의적 사고</td></tr>
</table>

출처: 한국교육과정평가원(2002)

(1) 비판적 사고(critical thinking)

비판적 사고는 효과적인 의사소통, 논리적 문제해결, 창의적 의사결정의 기초가 된다. 비판적 사고가 논리적 문제해결과 창의적 의사결정의 기초가 되는 것은 앞서 제시한 표를 통해 설명할 수 있다. 한국교육과정평가원(2002)에서 제시한 사고력의 범주를 보면 비판적 사고는 세부적으로 논리적 사고와 창의적 사고로 나누어 볼 수 있다. 논리적 사고에는 분석적 사고, 추론적 사고, 종합적 사고가 포함되어 있고 창의적 사고에는 대안적 사고, 발산적 사고를 포함하고 있다. 따라서 비판적 사고는 다양한 사고의 요소를 포함하고 있다는 것을 인식하고 살펴볼 필요가 있다. 이재욱(2021)의 비판적 사고에 대하여 어떤 주장에 대해 더 생각해보고, 더 합리적으로 판단하는 사고라고 하였다. 비판적 사고는 목적 의식을 가지고 반성적 판단 과정으로 어떤 사태에 처했을 때 감정 또는 편견에 사로잡히지 않으며 합리적이고 논리적으로 분석하고 평가하는 사고과정이다. 특히 객관적 정보에 비추어 상황을 비교하고 인과관계를 명백히함으로써 얻어진 판단에 따라 정리하는 과정인 것과 동시에 논리적 약점을 사전에 발견하기 위한 사고법으로서 정보나 제안을 꼼꼼히 살펴보는 것이다.

비판적 사고기능으로는 사실과 의견 구별하기, 타당하고 충분한 근거를 들어 의견을 주장하거나 평가하기, 다양한 정보원의 신뢰성을 비교·분석하고 보다 정확한 정보를 선택하기, 다양한 관점으로 조망하기, 편견을 줄이기, 특정 진술에 숨겨진 의미와 가정을 확인하기, 문제의 본질에 적합한 평가의 준거사용하기 등이 있다. 이러한 내용을 정리하여 보면 타당성, 신뢰성, 공정성으로 나누어 볼 수 있다.

첫째, 타당성이란 주장과 밀접한 관련이 있거나 논리적으로 연관이 있는 것을 의미한다. 문제상황에 대한 주장의 근거가 주장을 뒷받침하기에 충분한지, 연관관계를 충분히 설명하고 있는지 파악할 필요가 있다. 주장과 근거에 있어 인과관계가 확실하지 않다면 타당성을 잃어버리기 때문이다.

둘째, 신뢰성이란 자료의 출처에 대한 정확성이나 전문성을 의미한다. 자료에 있어 정확성이란 주장과 근거가 논리적으로 타당할지라도 '제시된 자료가 믿을 만한 근거인가?'하는 것이다. 믿을 수 없는 근거라면 논리 자체가 무의미하며 주장 역시 받아들이기 어렵기 때문이다. 주장과 근거에 신뢰성을 높일 수 있는 근거와 데이터는 공신력 있는 자료를 활용하고 한계를 가지고 있는 자료라면 어떤 면에서 한계성을 가지는지 제시할 수 있어야 한다.

셋째, 공정성이란 한쪽의 입장만 대변하는 것이 아니라 양측의 면을 모두 대변하여 한쪽으로 치우치지 않을 수 있어야 함을 의미한다. 문제상황에 대하여 사람들은 각자의 의도와 관점을 가지고 있기 때문에 자신의 의견을 주장하기 위하여 근거가 조작되거나 누락된 내용이 있는지, 확대·축소하지는 않았는지에 대해 따져보고 문제상황에 대한 다른 사람의 의견이나 생각을 비판적인 시각으로 바라볼 필요가 있다. 이러한 비판적사고 과정을 통해 우리는 미처 생각하지 못했던 점을 발견하거나 새로운 지식을 찾아낼 수도 있다.

비판적 사고기능	질문
타당성	• 주장과 근거가 연관이 있는가? • 논리적 모순이 없는가?
신뢰성	• 근거를 뒷받침하는 자료가 정확한가? • 자료의 출처가 명확한가?
공정성	• 주장과 근거 자료가 한 쪽에 치우쳐 있지 않은가? • 전제들로 부터 도출된 결론이 논리적 정당한가?

이러한 측면에서 비판적 사고 능력을 증진시키기 위한 방법으로는 첫째, 상황 판단을 하여 이해할 수 있는 것과 이해하지 못하는 것을 구별할 수 있는 능력을 증진시키는 것이 필요하다. 둘째, 문제 상황에 관련된 특정 내용에 대해 궁금한 부분을 인식하고 질문하는 것, 질문에 대해 알아보는 것이 필요하다. 셋째, 자신의 사고과정에 대해 인식하고 그에 대한 지식을 갖는 것이다. 넷째, 중요한 내용들을 연결시킬 수 있는 것으로 상황에 대한 결과를 예측하고 추론하는 것이다.

(2) 기호적 사고(symbolic logic)

기호적 사고는 논리적 사고에 포함된다. 논리는 실제 타당한 추론을 탐구하는 논리학에서 발달하기 시작하였다. 기호적 사고, 기호적 논리학이란 논리학에서 사용하는 명제들을 수학적인 기호로 표시하는 것이다. 수학적 연산을 할 수 있도록 논리 형식을 기호화하는 것으로 언어 대신 기호를 활용하여 언어의 모호성이나 제약을 없애고 논리 체계의 순수성과 엄밀성에 치중하여 논리의 구조를 밝히려고 하는 것이다. 예를 들면, 'X는 Y의 아들이다'라는 명제는 SON(X, Y)이라는 언어로 나타낼 수 있다. 이는 한정 기호에 의해 한정되고 AND(∧), OR(∨), NOT(~)의 연결사에 의해 연결되어 공식을 이룬다. 이외에도 언어로 표현하는 것과 기호적 사고를 나타낸 것을 아래와 같이 표현할 수 있다.

이러한 기호적 사고는 우리에게 벤 다이어그램으로 많이 알려져 있다. 벤 다이어그램은 명제들 사이의 논리적 관계를 쉽게 이해하기 위한 방법이다. 벤 디아어그램을 활용하면 집합들의 포함 관계나 명제들 사이의 관계를 쉽게 표현할 수 있다.

명제	그림	설명
사람이면 동물이다.	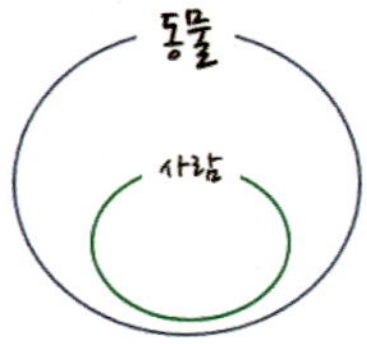	사람의 집합은 동물의 집합에 포함된다.
식물과 동물은 공통점이 있다.	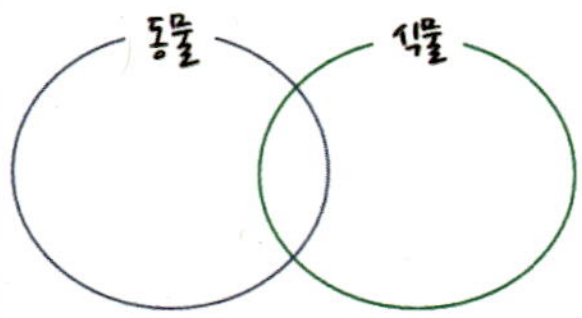	식물과 동물은 다른 점과 같은 점이 있다.

(3) 분석적 사고(analytic thinking)

분석적 사고는 논리적 사고에 포함되며 개념적 분석과 텍스트 분석으로 나누어 볼 수 있다. 첫째, 개념적 분석은 상황이나 사건의 개념 및 뜻을 중심으로 이해하거나 분석하는 것이며 텍스트 분석은 상황을 나열해 놓은 글의 흐름이나 구조에 대한 분석이라고 할 수 있다. 이때 개념적 분석은 이해력과 분석력을 모두 포괄하는 사고기능을 가진다. 먼저, 이해력은 의미 파악 능력, 해석 능력 등으로 주어진 문제나 상황을 단순하게 구분하고, 주어진 문제의 원인을 확인하여 결론을 찾는 사고과정이다. 다음으로 분석력은 첫째, 문제를 부분으로 나누는 방법을 확인하고 그에 기초하여 구분한다. 둘째, 각 부분을 명료하게 정의한다. 셋째, 각 부분과 관련된 정보를 확인하고 조직한다. 넷째, 비교, 대조, 분류, 추론 등의 분석에 근거해서 결론을 내린다. 즉, 분석력은 이해력보다 약간 높은 수준에 있는 기능으로서, 자료를 구성 성분으로 분해하고, 일부가 되는 부분 간의 관계와 조직되어 있는 방식을 발견해 내는 능력이다. 둘째, 텍스트 분석은 상황에 대한 흐름 및 구조에 대해 아는 것이다. 이러한 분석은 플로차트를 활용하여 분석할 수 있다. 플로차트는 복잡한 프로세스를 시각화할 수 있는 방법으로 문제상황에서 의사결정에 이르기까지 무엇이든 나타낼 수 있다. 따라서 플로차트를 통해 텍스트 분석에 있어 복잡한 상황을 단순화하는 과정으로 체계적인 정리 및 흐름을 알 수 있다.

기호	설명	기호	설명
	순서도의 시작과 끝 표시	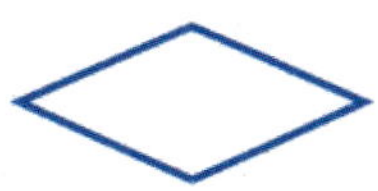	조건 명시
	상황 처리		작업의 흐름 방향 표시

이러한 표에 대하여 신호등을 통해 예를 들어볼 수 있다.

시작에서 신호등 앞에 선다는 상황에서 조건이 녹색신호이면 건넌다의 단계로 넘어갈 수 있으나 녹색신호가 아닐 경우 신호등 앞에 계속 서 있는다. 이 조건에 부합한 경우 다음 단계로 넘어가는 것을 통해 문제를 해결할 수 있으므로 문제 상황 시 플로차트를 활용하여 문제해결을 해결할 수 있다.

(4) 추론적 사고(inference thinking)

추론적 사고는 이미 알고 있는 지식과 정보에서 논리적 결론을 도출하여 모르는 문제를 해결해 내는 능력이다. 추론과 비슷한 용어로 유추를 살펴볼 수 있는데 유추는 하나의 현상과 다른 한 개 이상의 현상들이 기본 속성이나 관계, 구조, 기능 등에서 유사하거나 같으면 다른 요소에 있어서도 유사하거나 같을 것이라 추리하는 것이다. 따라서 유추는 사물이나 상황에 따라 예상해보는 것이라면 추론은 예상, 추측하여 논리를 펼치는 것이라고 할 수 있다.

예시

아침에 KTX역을 지나가게 되었어요. 사람들이 손에 다양한 선물 세트를 가지고 KTX를 타는 입구를 향해 걸어가고 있었어요. 어떤 아이는 한복을 입고 부모님과 함께 재잘재잘 이야기하는 모습이 보였어요. 그 모습을 보니 나도 부모님이 계시는 집에 가고 싶어졌어요. 가족들이 모두 모여 따끈한 떡국과 갈비도 먹고 윷놀이도 하고 싶어졌어요

위의 글을 읽고 "오늘은 무슨 날인가요?"라고 물으면 사람들은 어떤 날이라고 하겠는가? 답은 설날이다. '설날'이라는 판단을 내리기까지의 추론 과정이 어떻게 이루어지는지 살펴보고자 한다.

글에서 읽은 정보	1. 사람들이 선물 세트를 가지고 KTX 입구를 향해 걸어가고 있다. 2. 어떤 아이는 한복을 입고 있다. 3. 떡국과 갈비도 먹고 윷놀이도 하고 싶어졌어요
내가 이미 알고 있는 정보 (배경지식)	우리나라는 명절에 고향에 간다. 우리나라는 명절에 한복을 입는다. 우리나라는 명절 중 설날에 떡국을 먹고 윷놀이를 한다.
새로운 판단	오늘은 설날이다.

글에서 나타난 것과 같이 다양한 선물 세트와 한복, 가족의 모습을 통해 자연스럽게 명절, 설날이 떠오르는 것은 우리가 가지고 있는 배경지식을 통해 많은 사람들이 명절에 웃어른에게 선물을 드리고 고향을 찾아가는 것, 한복을 입고 글쓴이가 떡국을 먹고 싶다고 한 것을 통해 우리는 가지고 있는 배경지식을 바탕으로 명절 중에서도 설날인 것을 알 수 있다. 이러한 사고과정이 추론이다(권이은, 2022).

추론 능력이 증진되기 위해서는 이해하는 능력이 필요하다. 이해력은 어휘력과 배경지식을 갖추어야 향상되기 때문에 다양한 주제를 통해 토론하고 추측해 보는 과정에서 형성될 수 있다.

첫째, 토론하기는 다양한 상황에 대한 의견을 주고받는 것이다. 사회적 이슈가 되는 전쟁, 기아 등의 이슈와 주변에서 일어날 수 있는 일들을 통해 자신의 의견 및 앞으로 일어날 일에 대해 생각하는 것이다. 둘째, 추측하기란 그림책 표지나 사진, 단어를 통해 인물, 배경, 사건 등 어떠한 내용이 포함되어 있을지를 예상해 보는 것이다(권이은, 2022).

이러한 추론적 사고는 분석적 추론과 종합적 추론으로 나누어 볼 수 있다. 이때 분석적 추론을 연역이라 하고 종합적 추론을 귀납이라 한다. 첫째, 연역적 추론이란 일반적인 사실이나 원리에서 특수한 사실을 밝혀내는 것이다. 둘째, 귀납적 추론이란 관찰이나 실험에서 얻을 수 있는 특수한 사실에서 보편적인 진리를 추론해 내는 것이다. 연역법과 귀납법에 대해서는 〈2장 논리적 사고〉에서 구체적으로 다루고자 한다.

(5) 종합적 사고(holistic thinking)

종합적 사고는 학자에 따라 논리적 사고에 포함되기도 하고 창의적 사고에 포함되기도 한다. 첫째, 고차원의 논리적, 분석적 사고력을 발휘해 객관적인 시선으로 문제를 바라보고 여러 개의 요소나 부분을 전체로서의 하나가 되도록 묶는 능력, 문제 상황을 파악하고 문제를 해결한다는 이유에서 논리적 사고에 포함된다. 둘째, 창의적 사고에 포함되는 경우는 해결 방안 제시에 있어 고정관념을 깨뜨려 다양한 관점으로 문제를 바라보고 새롭고 창의적인 결과를 도출하고자 할 때 창의적 사고에 포함된다. 종합적 사고력이 뛰어나면 문제 상황에 대한 비판적인 시각으로 문제의 요소를 분석하고 문제 자체만 보기보다 문제를 둘러싼 외부 조건까지 아울러 생각할 수 있다. 또한 주어진 문제나 상황에 대해 발상 전환적 접근을 시도하거나, 시야를 확대하여 문제에 접근하여 보다 나은 대안을 제시할 수 있다.

종합적인 사고를 갖추기 위해서는 고정관념을 깨는 것, 다양한 배경지식, 비판적인 사고를 하는 것이 필요하다. 첫째, 고정관념을 깨는 것은 문제해결하기 위한 방법이다. 고정관점에 빠져있다면 누구나 생각할 수 있는 수준의 해결 방법만을 떠올릴 수밖에 없기 때문에 제시된 자료에 대한 구체적인 파악과 이를 해결할 수 있는 열린 사고를 할 필요가 있다. 둘째, 다양한 독서를 통해 풍부한 배경지식을 쌓는 것이 필요하다. 사람이 몸소 경험하는 것은 책을 통해 알아가는 것에 비교할 수 없을 정도로 좋은 배경지식이 될 수 있지만 다양하고 많은 경험을 하는 데에는 한계가 있다. 따라서 다양한 장르의 도서를 통한 경험은 다양한 문제해결을 위한 상식이 됨과 동시에 해결 방안이 될 수 있다. 이를 위해서는 문제 상황을 분석하고 객관적으로 판단하며 확실한 근거를 통해 결론을 도출하는 과정이 필요하다.

(6) 대안적 사고(alternative solution thinking)

대안적 사고는 일반적으로 창의적 사고에 포함된다. 대안적 사고에서 대안은 어떤 일에 대처하는 방안으로, 문제가 적절히 해결되지 않았을 경우에 다른 해결 방안을 시도할 수 있는 사고 능력이다. 대안적 사고는 주어진 사태에 대해 발상

전환적 접근을 하거나, 시야의 지평을 확대하여 문제에 접근하거나, 보다 나은 대안을 창안해낼 줄 아는 능력을 말한다. 실제 우리는 관점, 발상전환, 대안, 창안, 시야, 시각, 지평전환, 재정의, 발상전환적 문제해결을 대안적사고로 볼 수 있다.

대안적 사고는 어떤 문제상황 결과에 대하여 다른 방안을 찾는 것이므로 첫째 문제의 본질을 이해해야 한다. 그래야 해결 방안을 찾을 수 있다. 둘째, 확실한 답이 있다면 틀린 답을 다시 살펴볼 필요가 있다. 확실한 결과는 모든 사람들이 찾을 수 있는 답이다. 이때 틀린 답이라면 왜 틀렸는가에 대하여 다시 생각해보고 틀린 답이 정답이 될 수는 없는지를 살펴보는 과정에서 새로운 답을 찾아낼 수 있다. 셋째, 질문확장을 통해 새로운 대안을 찾을 수 있다. 때로는 엉뚱해 보이는 질문이 오히려 사고를 확장시키기도 하고 새로운 결과물을 나타내기도 한다(삼십육오커뮤니케이션즈, 2021).

사례

혜진이는 학교 가는 길 지하철을 타고 가야 하는데 시간을 잘못 맞추어 수업시간에 겨우 도착할 것 같다. 그런데 집에서 급하게 나오느라 지갑을 놓고 나왔는지 지갑이 없다.

→ 위의 글을 읽고 "혜진이는 어떻게 해야 할까요?"라고 물으면 다양한 방법이 제시될 수 있다. 일반적으로 자신의 잘못을 다시 돌이켜 보고 혜진의 실수이기 때문에 혜진이 해결해야 한다고 생각하는 사람은 혜진이가 다시 집에 돌아갔다가 와야 한다고 할것이다. 그러나 여기에서 혜진이가 실수를 했으나 수업 시간을 고려하여 대안적 사고를 한다면 옆에 지나가는 사람에게 돈을 빌려달라고 한 후 연락처나 계좌번호를 받는 방법, 역무원에게 부탁하는 방법, 택시를 타고 학교에 가서 친구에게 부탁하는 방법, 집에 있는 엄마께 지하철역에 나와 차를 태워 학교에 데려 달라고 하는 방법 등이 있을 수 있다.

(7) 발산적 사고(divergent thinking)

'확산적 사고'라고도 하며, 길포드(Guilford)가 연구한 지능에 대한 가설적 모형에서 쓰여진 용어이다. 발산적 사고란 어떤 문제에 대해 가능한 여러 가지 답을 다양하게 산출하는 사고로, 인지나 기억된 정보로부터 새롭고 신기하며 다양하고 관습에서 벗어난 생각과 해결책을 생성하는 생산적인 사고이다. 이러한 사고를 하는 사람은 여러 가지 답을 허용하는 자유 응답 질문을 좋아하며 창의적이다. 따라서 대화와 토론으로 자신의 의견을 제시하는 과정은 발산적 사고에 해당한다고 볼 수 있다. 이와 반대의 사고 명칭을 수렴적 사고(convergent thought)라고 한다. 문제를 해결하기 위해 사용하는 사고방식의 한 종류로서, 지식과 논리법칙을 동원하여 여러 가지 가능한 해결책이나 답들 가운데서 최종적으로 가장 적합한 해결책이나 답을 모색해 가는 사고방식을 말한다. 이렇게 정해져 있는 답을 맞추거나 하나로 모으는 것이 수렴적 사고이다.

'유창성'은 어떤 문제에 대해 가능한 많은 생각을 할 수 있는 능력이고, '융통성'은 관점이나 시각을 바꿔서 다양한 해결책을 찾아내는 능력이며, '민감성'은 다른 사람은 그냥 지나칠 일에도 민감하게 반응하는 능력이다. '독창성'은 엉뚱하다는 얘기를 들을 정도로 독특한 생각을 하는 능력이고, '정교성'은 생각을 치밀하게 다듬고 정리하는 능력이다.

(8) 상징적 사고(symbolic thinking)

상징적 사고는 상징이나 내면적 이미지를 통해 사람, 사물, 심지어 현재가 아닌 사건들을 표현하는 능력을 의미한다. 단어, 제스처, 숫자 등의 추상적 개념도 상징적 사고의 표현으로 볼 수 있다. 예를 들어 유아가 당시 주변에 없는 사람, 사물 그리고 상황을 묘사할 수 있을 때 이들은 상징적 사고를 할 수 있게 된 것으로 볼 수 있다. 묘사하기 위해 스스로 상징이나 내부적 이미지를 떠올리는 것은 현실을 추상적인 개념으로 자각하고 있다는 것이기 때문이다.

또한 상징적 사고의 대표적 예로는 예술가들의 창작 활동을 들 수 있다. 훌륭한 예술가들은 상징의 형태로 담겨있는 의미를 파악해내고 표현해냄으로써 인류에 기여하는 것이다. 예술가들이 표현으로 나타내는 상징적 사고는 사물이나 사건을 구체화하는 데 도움이 되기도 한다.

(9) 논리적 사고(logical thinking)

논리적 사고는 이미 확립되어 있는 방식에 따라 깊이 있게 분석하여 결론을 도출한다는 의미에서 수직적 사고(vertical thinking), 또는 문제를 해결하기 위해 기존에 알고 있거나 알게 된 정보를 가지고 해결하고자 하는 문제에 대해 우선 개념과 논점을 정확하게 파악하고 객관적인 사실에 근거하여 타당한 논거를 발견한 후 논거를 바탕으로 합리적으로 분석하고 종합해결책을 추려내는 사고방식이라는 의미에서 수렴적 사고(convergent thinking)라고도 불린다. 논리적 사고에 있어 사건을 명확하게 하기 위해서는 육하원칙을 사용할 수 있다. 육하원칙은 누가, 무엇을, 언제, 어디서, 어떻게, 왜에 대한 사항을 알아보는 것이라 할 수 있다. 예시는 다음과 같다.

어제 저녁 6시쯤 동생이 포켓몬 게임을 하자고 하는 것을 무시하고 컴퓨터를 하고 있었더니 방에 들어와서 컴퓨터 전원을 꺼버렸다.

누가(행동주체)	동생이
언제(시간)	어제 저녁 6시쯤
어디서(장소)	방에
무엇을(행동대상)	컴퓨터
어떻게(행동내용)	전원을 꺼버렸다.
왜(이유, 원인)	포켓몬 게임을 하자고 하는 것을 무시하고 컴퓨터를 하고 있었더니

예시를 통해 사건에 대해 원인과 결과를 할 수 있다 원인과 결과를 따지는 논리적 사고는 생각의 연결이 모순되지 않고 객관성과 일관성을 유지할 수 있도록 전개되어야 한다. 논리적 사고는 〈2장 논리적 사고〉에서 다루고자 한다.

(10) 창의적 사고(creative thinking)

통찰력이나 창의성을 발휘하여 문제를 해결하기 위해 다양한 해결책을 도출하는 사고방식을 수평적 사고(lateral thinking) 혹은 확산적 사고(divergent thinking)라고 한다. 창의적 사고를 하기 위해서는 이전의 생각과는 다른 새로운 생각. 창의적 사고를 위해서는 주변 세계에 관심을 갖고 늘 관찰하는 태도를 유지하는 것이 필요하다. 또한 창의적 사고는 새롭고 유용한 것을 생산해내는 행동 또는 정신과정이다(김영채, 2004). 따라서 관찰된 정보에 대하여 다양한 관점과 시각으로 사물과 현상을 바라보고 새로운 언어와 참신한 표현으로 나타낼 수 있어야 한다. 창의적 사고는 〈3장 창의적 사고〉에서 다루고자 한다.

자기주도학습 〈1-1〉

1. 사고와 생각의 차이점에 대해 정리해보세요.

2. 뇌에서 이루어지는 사고과정을 정리해보세요.

3. 사고양식에 대해 정리해보세요.

4. 자신이 중요하다고 생각되는 사고기술을 2개 골라 정리해보세요.

자기주도학습 〈1-2〉

1. 사고력의 개념에 대해 정리해보세요.

2. 사고력은 왜 중요한지 정리해보세요.

3. 다양한 사고에 대해 표를 채워보세요.

수리성방향						예술성방향
기호적 사고						상징적 사고

4. 다양한 사고 중 자신이 중요하다고 생각되는 것을 2개 골라 정리해보세요.

수업자료 〈1-1〉

01 사고관련 영상(1. 뇌의 영역별 기능 영상 / 2. 좌뇌와 우뇌 반구)

02 '사람'이란 무엇인지 정의를 내리고 그 이유를 적어보세요.

03 자신의 주변에 사고 기술이 뛰어난 사람이 있나요?
사고 기술이 뛰어난 사람을 생각해 보고 어떤 점에서 그렇게 생각해는지 적어보세요.

04 같은 문제를 보고 같은 사고과정을 거치더라도 사람마다 결론이 다르게 나오는 이유는 무엇일까요?

05 나의 사고성향에 대해 정리해보고 친구들과 서로의 사고양식에 대해 이야기를 나누어 보세요.

사고양식		문항의 예	선택
기능	입법형	과업을 수행할 때 내 자신의 아이디어로부터 시작하는 것을 좋아한다.	
	행정형	문제를 해결하거나 일을 할 때, 정해진 규칙이나 지시를 따르는 것을 좋아한다.	
	사법형	대립되는 아이디어나 반대되는 시각을 평가하는 것을 좋아한다.	
형식	군주형	어떤 일에 대해 결정을 내릴 때 한 가지 중요한 요인만을 고려한다.	
	계급형	어떤 일을 시작할 때 해야 할 일들을 목록화하여 중요한 순서대로 배열한다.	
	과두형	나는 주로 어떤 것들을 해야 하는지 알지만, 가끔씩 어떤 순서로 할지를 결정할 때 어려움을 겪는다.	
	무정부형	사소한 것일지라도, 모든 종류의 문제를 다루기 좋아한다.	
수준	전체형	일반적인 주제에 주의를 기울일 수 있는 상황을 좋아한다.	
	부분형	어떤 주제에 대해 논하거나 글을 쓸 때 전체적인 그림 혹은 윤곽을 그리기보다 중요하고 세부적인 사항을 고려한다.	
범위	내부지향형	어떤 과제를 수행할 때 혼자서 하는 것을 좋아한다.	
	외부지향형	어떤 공동연구를 할 때, 타인의 개입을 수용하고 아이디어를 공유하는 것을 좋아한다.	
경향	자유형	팀의 일원으로서 타인과 상호작용 할 수 있는 활동에 참여하기를 좋아한다.	
	보수형	어떤 문제에 직면하게 되면, 전통적인 방법으로 해결한다.	

출처: Dai & Feldhusen(1999)

나의 사고성향은 ______________________이다.
따라서

수업자료 〈1-2〉

01 논리 관련 영상(논리와 창의 사이)

02 엄마와 아빠의 공통점과 차이점을 기호적 사고의 그림을 활용하여 표현해 보세요.

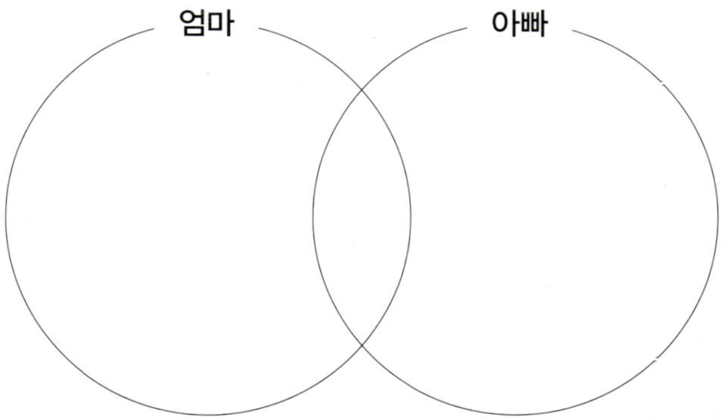

03 새로운 친구를 사귀는 방법에 대해 플로차트를 만들어 보세요.

04 아래의 문제를 보고 추론해보세요.

보석을 도둑맞았다. 보석을 가져간 사람을 찾기 위해 고심하던 주민센터 직원은 다섯명 주민 A, B, C, D, E를 면담했다. 이들은 각자 아래의 이야기를 하였다. 이 가운데 두 명의 이야기는 거짓인 반면 세명의 이야기는 모두 참이다. 다섯명 가운데 한 명이 범인이라고 할 때 보석을 가져간 사람은 누구인가?

A: 보석을 가져가는 것을 나와 E만 보았다. B의 말은 모두 참이다.
B: 보석을 가져간 것은 D이다. D가 보석을 가져가는 것을 E가 보았다.
C: D는 보석을 가져가지 않는다. E의 말은 참이다.
D: 보석을 가져가는 것을 세 명의 주민이 보았다. B는 보석을 가져가지 않았다.
E: 나와 A는 보석을 가져가지 않았다. 나는 보석 가져가는 사람을 아무도 보지 못했다.

답:

05 '이 세상에서 가장 깊은 것'은 무엇인지 정의내리고 그 이유를 적어보세요.

06 약속시간이 다가온다 지금 가지 않으면 늦을 것이다, 그런데 눈 앞에 할머니가 길을 헤매고 계신다 나와 눈이 마주쳤다 나는 어떻게 할까요?

CHAPTER 02

논리적 사고

본 장에서는 논리에 대한 개념 및 그에 따른 추론과 논증의 개념을 알아보고자 한다. 논리적 사고를 위한 논리, 추론 논증에 대한 차이를 알아봄으로써 논리와 추론, 논증의 차이에 대해 알고 교육에 적용할 수 있는 부분을 찾아볼 수 있다.

목표

- 논리 및 추론, 논증에 대한 개념을 안다.
- 논리적 사고의 필요성에 대해 안다
- 추론 방법에 대해 안다.
- 논증의 방법 및 요소에 대해 안다.

1 논리

1) 논리의 개념

한자어적인 측면에서 살펴볼 때 논리(論理)에서 논(論)이란 자기의 의견을 서술하여 주장하는 것으로 말하다, 서술하다, 생각하다의 뜻이며 리(理)는 까닭이나 이치를 뜻하여 생각의 이치를 뜻한다. 첫째, 말이나 글에서 사고나 추리 따위를 이치에 맞게 이끌어 가는 과정이나 원리이며 둘째, 사물 속에 있는 이치. 또는 사물끼리의 연관이라 할 수 있다. 셋째, 철학 바른 판단과 인식을 얻기 위한 올바른 사유의 형식과 법칙 따위를 연구하는 학문이다. 즉, 논리는 사고작용에 필요한 과정이며, 사고가 법칙과 형식에 따라 이루어져야 하는데 이때 논리란 생각의 형식이나 법칙이다.

어떠한 주장에 있어 형식과 법칙에 따라 일관성이 있는 주장을 할 때 '논리적'이라고 하며 정당한 근거를 통해 이야기하는 경우 '논리 정연하다'라는 이야기를 한다. 논리적이라는 것은 정리되지 않은 것을 명확한 기준과 규칙에 따라 분석하거나 분류하고 범주화하는 사고과정을 통해 종합적으로 판단하는 것이다.

2) 논리적 사고의 개념

우리나라 속담에 '구슬이 서 말이라도 꿰어야 보배'라는 속담이 있다. 아무리 좋은 것이라도 쓸모있게 만들어 놓아야 값어치가 있다는 뜻을 가진 속담과 같이 논리적 사고력이 없다면 아무리 많은 지식을 가지고 있다 하더라도 적절한 문제해결을 하기 어렵거나 적절한 목표를 실현시기키 어려울 것이다. 다른 사람에게 자신의 목표를 이해시키기 위해서는 체계적인 설득과정을 거쳐야 하는데 이 때 필요한 것이 논리적 사고이다.

'논리'가 말이나 글을 통해 자신의 생각을 이치에 맞도록 이끌어 가는 원리라면, '논리적 사고'는 논리를 기반으로 하는 일정한 논리적 형식과 절차에 따라 진행되는 사고작용이다. 논리적 사고란 논리와 사고의 개념을 포함하고 있는 것으로, 사고나 추리 따위에 능한 인간의 이성 작용이다. 이러한 논리적 사고는 수직적 사고(vertical thinking), 또는 수렴적 사고(convergent thinking)라고도 불린다. 원인과 결론 사이에 의심할 여지가 없는 인과관계를 만들어내는 사고를 통해 어떤 사실로부터 의심할 여지가 없는 결론을 도출하는 사고법이다.

논리적 사고는 해결하고자 하는 문제 상황에 대해 우선 개념과 논점을 정확하게 파악하고 객관적인 사실에 근거하여 타당한 증거나 논거를 발견한 후 이를 바탕으로 합리적으로 분석하고 종합하여 문제해결에 대한 결론을 모색하는 전반적인 과정에서 이루어진다. 이러한 전반적인 과정에서는 일정한 규칙과 형식에 따른 사고를 하고 관찰된 사물을 대상으로 비교, 분류, 분석, 추론, 종합 등을 통해 종합적 사고를 하는 것을 특징으로 하며 객관성과 일관성을 유지할 수 있도록 전개되어야 한다. 따라서 논리적 사고를 배우는 목적은 설득력을 높이기 위함과 동시에 문제해결력을 높이기 위한 것이다.

3) 논리적 사고의 중요성

사람마다 차이를 보이긴 하지만 사람이라면 전반적으로 논리적 사고가 가능하다. 논리적 사고가 가능하기 때문에 사람이 사회에서 타인과 관계를 맺고 적절한 규칙을 지키며 다양한 환경이나 상황에 대처할 수 있는 것이다. 삶에서 수시로 활용되는 논리적 사고는 첫째, 다양한 자연현상의 변화와 세상의 변화에 대한 이치를 깨닫게 한다. 사람은 자신을 둘러싼 다양한 환경에 대해 관심을 갖고 관심 대상에 대한 다양한 정보를 비교하고 분석하는 과정을 경험한다. 이러한 사고과정을 통해 자신을 둘러싼 자연현상에 대한 공통점과 차이점을 발견할 수 있게 되고 더 나아가 세상의 변화에 대한 이치를 깨달을 수 있다. 둘째, 사람이 살아가는 과정은 다양한 문제 상황의 연속이다. 하루에도 수십 번의 선택 과정과 해결 과정을 경험하게 된다. 계속되는 여러 상황 속에서 사람은 일련의 문제해결 과정을 경험한다. 사람의 사고는 생각하는 경향에 따라 차이가 있음에도 불구하고 스스로 자신의 선택과 판단, 행동이 바람직한것인가에 대해 객관적인 측면에서 살피고자 하는데 이 때 필요한 것이 논리적 사고이다. 셋째, 논리적 사고과정에서 무엇보다 중요한 것은 우리가 사는 사회의 변화에 적응할 수 있도록 도움을 준다는 것이다. 사회의 변화가 빠른 만큼 새로운 정보들에 대하여 사람들은 복합적인 매체가 전달하는 의미를 분석하고 이해하며 새로운 환경에 적응해야 한다. 이때 다양한 정보, 변화에 대하여 비교, 분류, 분석 및 종합하는 과정에서 논리적 사고가 필요하다. 따라서 논리적 사고를 지는 사람은 복잡하고 난해한 문제도 명확하게 이해할 수 있는 힘을 가질 수 있기 때문에 논리적 사고가 필요하다.

4) 논리적 사고성향

논리적 사고 성향은 논리적으로 생각하고자 하는 태도에 관한 것이다. 이러한 논리적 사고성향에 대하여 진실지향성, 신중성, 개방성, 호기심, 인내심, 자기규제성으로 나누어 살펴보았다(박찬옥 외, 2010).

논리적 사고성향

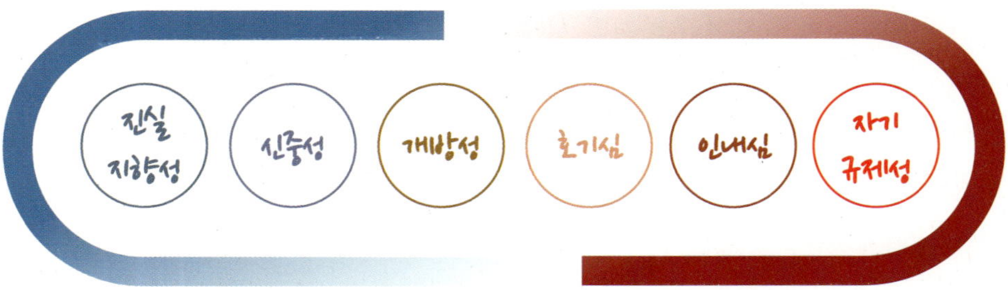

(1) 진실지향성

발견한 내용이 자신의 이익이나 선입견에 반하더라도 사고를 정직하고 객관적으로 수행하려는 성향이다. 어떠한 상황에 대해 논쟁에서 이기려고 하기보다는 진실을 추구하고 자신의 견해만 주장하기보다 오랜 신념을 버리는 것에 대한 두려움을 극복하고자 하는 특성을 가진다.

(2) 신중성

판단에 앞서 성급하게 판단하거나 결정하지 않고 신중하게 생각하는 성향이다. 자세히 알고자 하고 판단을 내리는데 있어 신중한 태도를 지닌다.

(3) 개방성

자기 자신이 편견을 가지고 있을 가능성을 고려하여 다양한 견해에 대해 알고자 하는 성향이다. 다른 사람의 의견을 이해하고 타인의 비판에 대해 열린마음을 가지며 소수의 의견을 고려할 줄 아는 것이다.

(4) 호기심

다양한 문제에 대해 관심과 호기심을 가지는 성향이다. 넓은 범위의 이슈에 대해 끊임없이 호기심을 가지는 것이다.

(5) 인내심

끝까지 포기하지 않고 생각하는 성향이다. 문제가 해결될 때까지 생각하고 적절한 정보를 찾으려 꾸준히 노력하는 것이다.

(6) 자기규제성

문제의 핵심에서 벗어나지 않기 위해 자기 자신의 사고과정을 점검하고 관리하는 성향이다. 다양한 관점을 고려했는지 점검하고 당면한 관심의 대상에 주의를 집중하는 것, 타인에 대한 영향까지 고려하는 것이다.

5) 논리적 사고 구성요소

논리적 사고의 범주에 대해 학자들은 다양한 방법으로 규정하고 있다. 한국교육과정 평가원(2002)은 비판적 사고 범주에 논리적사고를 포함시켰지만 반대로 논리적 사고 범주에 비판적 사고를 포함시키기도 한다. 논리적 사고능력을 비판적 사고와 추론적 사고로 나누어 논리적 사고의 구성에 대해 설명하고자 하였다(박찬옥 외, 2010). 논리적 사고는 첫째, 비판적 사고를 통해 주어진 자료에 대한 주장이 어떤 이유에서 정당화되었는지 판단할 뿐만 아니라 그에 적용되는 모든 사고의 과정에서 객관적인 근거가 뒷받침되고 있는지, 개념을 올바르게 사용하고 있는지, 방법적 측면을 제대로 적용하였는지 맥락을 잘 고려하였는지 판단할 수 있다. 둘째, 추론적 사고를 통해 원인과 결과에 대한 추론 과정을 모순없이 법칙에 맞게 이끌어 내었는지 알 수 있다. 이러한 비판적 사고와 추론적 사고의 하위 구성요소를 살펴보면 비판적 사고의 하위요소로 명료성, 적절성, 연관성, 효용성, 공정성이 있으며 추론적 사고에서 연역적 추론 능력과 귀납적 추론 능력을 살펴볼 수 있다(박찬옥, 2010).

논리적 사고 구성요소

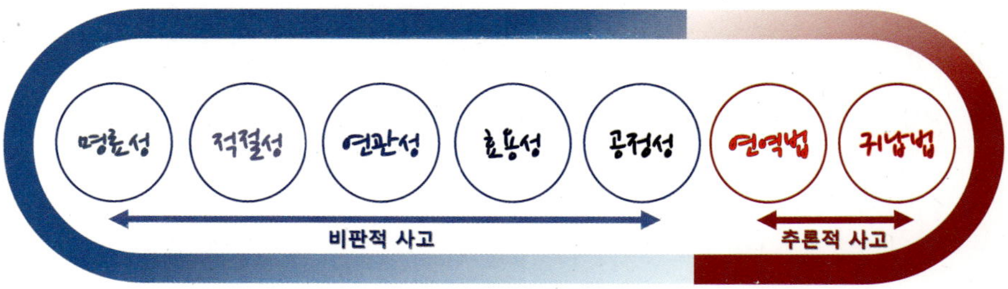

(1) 비판적 사고의 하위요소

① 명료성

사고하려는 주제와 진술의 내용이 무엇인지 지각하는 능력으로 감정이나 기분을 나타내는 표현적 언어와 옳고 그름과 관계된 인지적 언어를 분별하고 명료하게 사용할 수 있어야 한다.

〈유치원 교실에 CCTV를 설치해야 한다〉라는 토론을 하는 상황	
"교사가 CCTV로 인해 긴장이 될 수 있으므로 조금 좋지 않은 것 같아"	"교사가 긴장이 될 수 있으므로 CCTV는 설치하지 말아야 한다"

유치원 교실의 CCTV 설치에 대한 토론에서 "조금 ~~~~ 한 것 같아"라는 명료하지 않기 때문에 명확하게 자신의 생각을 제시할 필요가 있다.

② 적절성

적절한 근거를 바탕으로 주장에 대한 올바른 평가를 내릴 수 있는 능력이다. 문제 상황에 대한 근거나 증거의 관련성, 신뢰성 등을 검토하여 주장에 대한 근거, 증거를 제시할 수 있어야 한다.

〈유치원 교실에 CCTV를 설치해야 한다〉라는 토론을 하는 상황	
"CCTV 설치는 왠지 엄마들이 좋아할 것 같아 그래서 설치하는 것이 좋을 것 같아"	"아동학대 예방 측면을 중심으로'에 따르면 유치원 교실 내 CCTV 설치 여부를 묻는 항목에 유치원 교사 중 81.1%가 반대하는 반면, 학부모는 84.3%가 찬성하여 학부모가 CCTV 설치를 긍정적으로 받아들이고 있다"

유치원 교실의 CCTV 설치에 대한 토론에서 "왠지 ~~~~ 좋아할 것 같아"라는 정확한 근거가 될 수 없다. 정확한 근거란 주장을 뒷받침할 수 있는 객관성, 신뢰성이 보장되어야 한다.

③ 연관성

문제 상황에서 나타난 주요 개념들에 대해 의미있는 연결하는 능력이다. 적절한 추론 및 논증을 통해 주요 개념들의 의미를 이해하고 구조와 원리를 파악할 수 있어야 한다.

〈유치원 교실에 CCTV를 설치해야 한다〉라는 토론을 하는 상황	
교사1: "CCTV가 나를 감시하고 있는 것 같아 나는 CCTV 설치하는 것은 반대야" 교사2: "'CCTV' 토론 끝나면 떡볶이 먹으러 가자" 교사3: "CCTV가 있으면 학부모가 유아를 볼 수 있기 때문에 유치원을 믿을 수 있어" 교사4: "CCTV 설치를 한 유치원에서 근무하는 교사 82명 중 19.5%는 CCTV 설치 이후 학부모의 간섭이 더 심해졌다고 설문에 답했어" 교사5: 학부모의 설문을 보면 CCTV 미설치가 아동학대의 원인이라는 응답에 43.2%나 그렇다고 한 것을 보면 학대와 CCTV가 관련이 있다고 생각하고 있어	교사1과 교사4는 CCTV 설치에 대해 반대를 하고 있는 상황이다. 교사1은 감시, 교사4는 학부모의 간섭에 대한 부분으로 인해 CCTV 설치를 반대하고 있다. 교사3과 교사5는 학부모의 유치원에 대한 신뢰도와 아동학대에 대한 이유로 인해 CCTV 설치에 대한 필요성을 제시하고 있다.

교사 2는 유치원 교실의 CCTV설치에 대한 토론의 주제와 상관없는 이야기를 하고 있으므로 주제와의 연관성이 결여되어 있다.

④ 효용성

정보나 견해가 현실적인 기준에 있어 얼마나 유용한가에 대해 평가할 수 있어야 한다.

〈유치원 교실에 CCTV를 설치해야 한다〉라는 토론을 하는 상황	
"CCTV를 강당에만 설치해"	"교실에 CCTV를 설치해야 한다."

유치원 교실에 CCTV를 설치하는 것은 일과시간 각 교실에서 일어나는 상황을 관찰하기 위함이므로 강당에만 설치하는 것은 CCTV 설치에 대한 효용성이 결여된 것이라 할 수 있다.

⑤ 공정성

내용의 일반화가 가능한지 판단하는 능력으로 문제 상황에 대한 결론을 다른 사람이 수용할 수 있는가에 대한 판단이 필요하다.

〈유치원 교실에 CCTV를 설치해야 한다〉라는 토론을 하는 상황	
"CCTV를 설치하고 싶은 선생님만 하라고 해"	"CCTV 설치는 각 유치원 단위로 부모와 교사가 협의하여 설치하는 것이 필요하다"

CCTV 설치를 하고 싶은 선생님의 반만 CCTV를 설치 할 경우 첫째, 같은 유치원에서 반별로 차이를 보이게 된다. 그렇게 되면 CCTV가 있는 교실과 CCTV가 없는 교실은 환경의 차이가 생긴다. 둘째, 학부모의 의견과는 상관없이 이루어지는 것이기 때문에 교사와 부모의 의견이 반영되지 않았으므로 공정하지 않다.

(2) 추론적 사고의 하위요소

① 연역적 추론 능력

일반적인 사실이나 원리에서 특수한 사실을 밝혀내는 능력이다. '사람은 모두 죽는다'라는 일반적인 사실에서 '나도 죽는다'라는 특수한 사실로 나아가는 것이다.

② 귀납적 추론 능력

관찰이나 실험에서 얻을 수 있는 특수한 사실에서 보편적인 진리를 추론해 낼 수 있는 능력이다. '나는 초등학교를 졸업했다.' '내 짝도 초등학교를 졸업했다.' '내 앞에 앉은 상아도 초등학교를 졸업했다.' '맨 뒤에 앉은 지원이도 초등학교를 졸업했다.'와 같이 다양한 사실을 통해 보편적인 결론을 제시하는 것으로 '우리 반 아이들은 초등학교를 졸업했다.'라는 진리로 나아갈 수 있다.

연역법과 귀납법은 연역적 추론과 귀납적 추론, 연역적 논증과 귀납적 논증으로 제시되기도 한다. 이는 추론과 논증의 차이로 나타난다. 추론이 심리적인 과정이라면 논증은 언어적인 측면을 지닌다. 따라서 연역법과 귀납법에 대한 자세한 내용은 〈2. 추론과 논증〉에서 구체적으로 다루고자 한다.

6) 논리적 사고방법

논리적 사고를 통해 명료한 결과를 제시하기 위해서는 다양한 문제에 대한 원인과 결과를 알고 그에 따른 목적이 무엇인지 인식하는 것이 중요하다. 문제 상황을 살펴보고, 다양한 방법으로 사고하는 사람들에 따라 여러 방면의 문제 해결 방법이 있다는 것을 인식할 필요가 있다. 사람들에 따라 다양한 문제해결 방법이 있지만 논리적 측면에 있어 결론에 대한 설득력을 높이기 위해서는 사실 → 이유 → 결론의 순으로 이루어질 필요가 있다. 문제 상황이나 사실로부터 결론에 이르는 과정이 논리적이어야 하고, 동일한 사실에서는 같은 결론을 도출해야 한다.

이를 위해 첫째, 문제상황에 대한 발견 및 사실 확인, 둘째, 문제상황에 대한 원인 및 이유 분석 셋째, 문제상황에 대한 결론 및 해결방안으로 나누어 볼 수 있다.

(1) 문제 상황에 대한 발견 및 사실 확인

문제 상황에 대한 인식을 하였을 때 문제가 왜 일어났는지에 대한 사실을 발견하고 분석 할 수 있어야 한다. 문제를 발견하는 힘은 관찰자의 편견이나 선경험에 따른 선입견 없이 상황을 분석할 수 있어야 한다. 문제 상황에 대한 사실을 확인하기 위해서는 사고기술에서의 관찰을 활용할 수 있다. 관찰이란 객관적 사실 그대로를 알아보는 것으로 육하원칙에 따라 알아볼 수 있다.

육하원칙

육하원칙에 따라 사실확인을 하는 것은 문제상황에 대한 명료화를 할 수 있으며 분석력을 높일 수 있다. 특히 육하원칙의 기준에 따른 질문을 살펴보고 정리하는 과정에서 문제상황에 대한 원인과 결과를 알 수 있다. 이 외에도 문제상황 해결에 있어 해결 방법을 육하원칙에 의해 정리할 수 있다.

육하원칙	질문
누가(행동주체)	• 문제를 일으키고 있는가? • 해결 방법으로 인해 영향을 받을 것인가? • 해결 방법을 실현할 것인가?
언제(시간)	• 문제가 발생되었는가? • 해결 방법이 생겼는가? • 해결 방법을 실현할 것인가?
어디서(장소)	• 문제가 일어나고 있는가? • 해결 방법을 실천할 것인가?
무엇을(행동 대상)	• 문제인가? • 해결할 수 있는 방법인가?
어떻게(행동 내용)	• 문제가 일어났는가? • 해결 방법을 실현할 것인가? • 하면 해결 방법이 효과가 있을 것인가?
왜(이유, 원인)	• 이러한 문제가 일어났는가? • 해결 방법이 적절한가? • 해결 방법의 효과가 있을 것인가?

다음 예시를 통해 문제상황을 정리해 볼 수 있다.

5살 아들을 키우는 ㅇㅇ씨는 최근 유치원에서 친구들에게 놀림을 당했다며 우는 아이를 달래느라 곤욕을 치러야 했다. 아이의 살집 있는 몸이 또래 아이들에게 놀림거리가 된 것이다. ㅇㅇ씨는 아이를 어르고 달랬지만 자신의 비만 유전자를 아이에게 물려준 것만 같아 미안함이 앞선다.

육하원칙	질문
누가(who)	5살 아들
언제(when)	최근
어디서(where)	유치원
무엇을(what)	친구들에게
어떻게(how)	놀림을 당했다
왜(why)	아이의 살집 있는 몸이 또래 아이들에게 놀림거리가 된 것이다.

→ 위의 문제 상황에는 서술자의 감정도 함께 포함되어 복잡해 보이지만 문제상황에 대한 내용을 정리하면 다음과 같다.
'5살 아들은 최근 살집있는 몸으로 인해 유치원에서 친구들에게 놀림을 당했다'

(2) 문제상황에 대한 원인 및 이유 분석

문제상황에 대한 원인 및 이유 분석하기 위한 방법으로는 논리나무와 같이 주어진 주제를 연관성에 따라 계열화하는 방법을 활용할 수 있다. 논리나무(Logic tree)는 문제상황에 대한 구체적 원인과 이유를 분석하기 위해 논리적 연관성이 있는 구성 요소들을 나무 모양으로 전개한 것이다. 즉, 문제상황에 대하여 연관성이 있는 것을 모으거나 분류하는 과정이다. 논리 나무로 원인과 이유를 분석하였을 때의 장점은 전체를 잘게 분할하는 과정에서 해결점을 찾을 수 있다는 것이다.

- 문제상황이 전체에 해당한다.
- 다양한 원인 및 요인들이 구성요소에 해당한다.
- 원인으로 이루어진 구체적 사실이 하위요소에 해당한다.

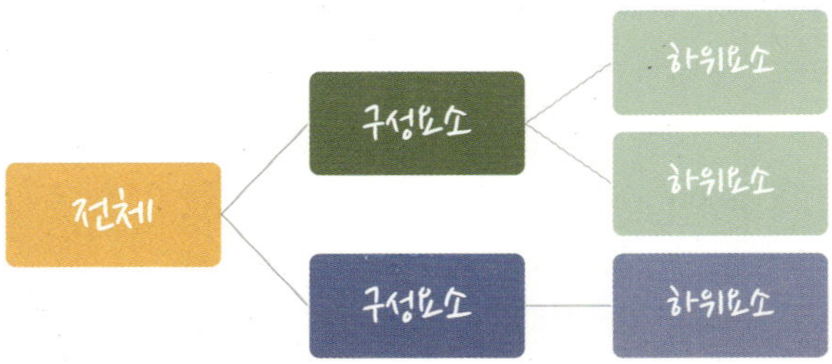

예를 들어 비만으로 논리나무를 구성하면 다음과 같다.

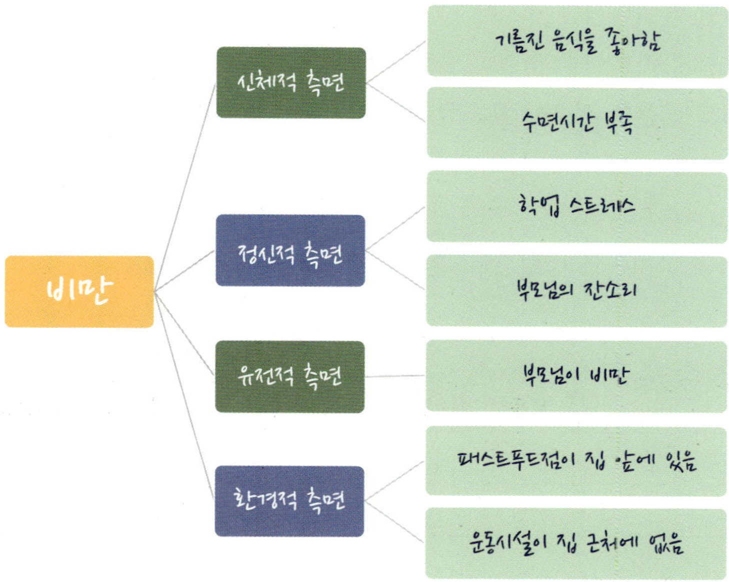

출처: http://www.edujin.co.kr/news/articleView.html?idxno=36897

논리나무를 통해 비만에 대한 다양한 이유 및 근거를 명료하게 제시할 수 있다. 비만의 원인은 첫째, 신체적 측면 둘째, 정신적 측면, 셋째, 유전적 측면, 넷째, 환경적 측면으로 나눌 수 있다. 그에 대한 근거를 따져보면 신체적 측면으로 기름진 음식을 좋아함, 수면시간의 부족, 정신적 측면에서는 학업이나 부모님에 대한 스트레스로 인해 먹는 것으로 해소, 유전적인 측면에서 부모님의 비만, 환경적 측면에서 집 앞에 패스트푸드점이 있으며 운동시설은 없기 때문이다.

(3) 문제상황에 대한 결론 및 해결 방안

논리적 사고의 방안을 위해서는 다양한 아이디어 중 가장 적절한 해결 방법을 제시할 수 있어야 한다. 이를 위해 평가 행렬표를 사용할 수 있다. 평가 행렬표란 문제상황에 대한 다양한 방안이 제시되었을 때 중요한 준거를 마련한 후 분석 하는 것이다.

- 다양한 아이디어를 표시해 놓는다.
- 다양한 아이디어를 적절하게 평가할 수 있는 준거를 마련한다.
- 척도를 만들어 점수를 체크한다.
- 가장 높은 점수를 받은 아이디어를 해결방안으로 선정한다.

예를 들어 다이어트 방법으로 평가 행렬표를 제시하면 다음과 같다.

해결 방안 아이디어	준거			점수
	비용이 적은 것	건강에 좋은 것	빨리 효과 보는 것	
매일 달리기를 한다.	3	3	1	7
식사량을 줄인다.	2	2	2	6
다이어트약을 먹는다.	1	1	3	5

평가 행렬표를 살펴보면 준거로 첫째, 비용이 적은 것, 둘째, 건강에 좋은 것, 셋째, 빨리 효과 보는 것으로 정하고 가장 준거에 긍정적일수록 점수를 높게 책정한다. 점수를 책정한 후 각 아이디어에 해당하는 점수를 더하여 나온 점수를 확인하였을 때 '매일 달리기를 한다'는 7점, '식사량을 줄인다'는 6점, '다이어트약을 먹는다'는 5점이므로 가장 높은 점수를 받은 '매일 달리기를 한다'의 아이디어를 해결 방법으로 채택할 수 있다.

2 추론과 논증

1) 개념

(1) 추론 개념

추론은 이미 알고 있는 정보들에서 어떤 결론을 이끌어내는 사고의 과정을 의미한다. 추론에서 전제는 이미 알거나 믿고 있는 것이고, 결론은 그 전제로부터 도달하는 새로운 지식이나 믿음이다. 예를 들어 추론하며 글을 읽는다는 것은 직접 드러나지 않은 내용을 글의 앞뒤 사실로 미루어 생각하며 읽는 것을 의미한다. 즉, 추론은 다양한 정보를 통해 미리 특정한 결론에 도달하는 일종의 심리적 과정이다.

따라서 추론이란 앞뒤가 맞도록 조리를 세워 의논하는 것이며 추론과 비슷한 유의어로는 추리가 있다. 추리는 뚜렷하게 알고 있는 하나가 있고 이를 근거로 다음을 짐작하는 것으로 추론은 추리보다 구조화된 단계로 볼 수 있다. 이때 논리에서 연역적 추론과 귀납적 추론이 이에 해당한다고 할 수 있다.

(2) 논증 개념

추론이 심리적인 과정이라면 논증은 언어적인 측면을 지닌다. 논증은 추론에 대한 부분, 참이라고 주장되는 어떤 결론을 뒷받침하는 일련의 이유나 증거들을 밝히는 표현의 양식이다. 결론을 뒷받침하는 이유나 증거를 밝히는 과정에서 때로는 설명과 같은 부분이 있을 수 있지만 설명은 원인과 결과에 대해 이해하는데 도움이 된다면 논증은 결론에 대한 증거가 무엇인지 밝히는 것이라 할 수 있다. 또한 논증은 특정한 주장과 그 주장을 뒷받침하는 이유로 이루어진 진술이다. 설명은 가치판단을 하지 않으나 무엇이 적합한지, 올바르거나 진실에 대한 부분을 납득시키려는 목적이 있는 논증은 가치판단을 할 수 있다. 논증에서 전제는 언어로 진술된 이유나 증거이고, 결론은 이유나 증거로 뒷받침되는 주장이다. 논증의 내용적 특징을 살펴보면 첫째, 명확하고 근거가 있는 의견, 둘째, 논점에 대한 설득력 있는 주장, 셋째, 근거와 주장을 논리적으로 연결한 서술이라고 할 수 있다.

(3) 명제 개념

추론에서 쓰이는 문장, 참인지 거짓인지를 명확하게 판단해볼 수 있도록 언어화한 문장을 명제라고 한다. 명제는 명확하고 객관적으로 참과 거짓을 판단할 수 있어야 한다. 예를 들어 아래의 문장을 통해 명제에 대해 알아보면 다음과 같다. '대한민국의 수도는 서울이다.'라는 문장을 살펴보았을 때 대한민국의 수도는 외국인에게 물어보거나 한국인에게 물어보거나 서울이기 때문에 참인 명제이다. '에펠탑은 한국의 문화유산이다'라는 문장을 살펴보았을 때 에펠탑은 프랑스의 문화유산이며 우리나라의 문화유산이 아니기 때문에 거짓인 명제이다. 참이거나 거짓으로 판단할 수 있는 문장은 명제이다. 그러나 '한복은 예쁘다'라는 문장을 살펴보면 한복 중 많은 한복이 예쁠 수 있으나 어떤 한복은 재질이나 색 등에 있어 예쁘지 않을 수 있다. 이는 참이나 거짓으로 판단할 수 없기 때문에 명제가 될 수 없다. 이러한 측면에서 추론을 위한 문장은 명제로 이루어져야 하며 논증을 위해 제시된 문장을 논제라고 한다.

(4) 논제 개념

논제는 토론을 할 때의 주제나 제목이다. 논제는 논쟁성을 지녀야하기 때문에 논제가 되는 명제가 결과를 결정하는 기준이 명확한지 애매한지를 따져볼 필요가 있다. 논제는 설명을 진행하거나 상호 논박이 가능하기 때문에 논증을 하기에 적절하다. 따라서 논쟁성이란 찬성과 반대의 입장으로 나누어서 쟁점이 있다는 것이다. 논제에는 사실논제, 가치논제, 정책논제가 있다. 첫째, 사실 논제는 문장에서 제시하는 것과 같이 사실관계를 따지는 것이다. 따라서 토론에서는 결정적인 근거 제시가 승리를 좌우한다. 둘째, 가치논제는 사람이 생각하는 가치판단을 요구하는 논제이다. 사람마다 선호도가 다르기 때문에 어떤 가치가 더 설득력이 있는지를 증명하는 것이다. 셋째, 정책논제는 행위를 촉구하는 것이다. 현실을 바꾸고자 하는 측면의 주장인데 일반적으로 현재 상황을 바꾸고자 하는 입장과 현재 상황을 유지하고자 하는 입장의 대립으로 이루어진다.

	설명	예
사실 논제	사실관계를 따지는 것으로, 증거를 통해 사실의 참과 거짓을 따지는 주제	• 독도는 우리 땅이다. • 발해는 고구려 문화를 이어받았다. • 술은 몸에 해롭다
가치 논제	사람의 가치에 따라 그 판단이 다를 수 있는 것으로, 가치논제란 '바람직한지, 바람직하지 않은지', '옳은지, 그런지', '좋은지, 나쁜지'처럼 다른 가치로 토론하는 주제	• 언론의 자유는 필요하다. • 선의의 거짓말은 필요하다 • 탕수육 소스는 찍어 먹어야 한다.
정책 논제	어떤 일을 할 것인지 정하는 상황으로 따지는 것 찬성 측이나 반대 측의 입장에서 구체적인 실행을 어떻게 할 것인가 또는 문제를 어떻게 해결할 것인지에 대한 주제	• 등교 시간을 10시로 해야 한다. • ㅇㅇ지역에 쓰레기장을 건설해야 한다. • 교내에 CCTV를 설치해야 한다.

2) 논증 방법

논증 방법은 두 가지로 구분할 수 있다. 그 하나는 연역적 논증 방법으로 진리성이 이미 확증되어 있는 논제에서 시작하여 논증하는 것이다. 다른 하나는 귀납적 논증 방법으로 다양한 귀납에 의해 논증해야 하는 논제와 이미 알려져있는 참인 여러 논제와의 관련을 확립하는 것이다.

(1) 연역 논증

아리스토텔레스(Aristoteles), 데카르트(Decartes) 등 이성주의자들의 철학적 방법론으로 가장 널리 알려진 논증이다. 하나 또는 둘 이상의 논제를 전제로 명확히 규정된 논리적 형식에 의해 새로운 논제를 결론으로 이끌어내는 것이다. 일반적인 사실이나 원리에서 개별적이고 특수한 사실이나 원리를 이끌어내는 것을 연역 논증이라 한다.

연역 논증에서는 최초의 대전제가 결론을 이끌어내는 가장 중요한 근거가 되며 결론에 이르기까지 등장하는 논제는 대전제에서 파생되어 나온 것이다. 따라서 연역적 논증은 논리적 일관성과 체계성을 가져다준다. 때문에 어떤 행위가 옳은 것인지 아닌지를 따지는 윤리적 판단들은 대부분 연역적 방법에 기초해 나타난다. 보편적 규범에 기초해 개별 행위의 유형에 대하여 옳고 그름을 판단하기 때문이다. 이러한 이유로 연역논증은 일상생활에서도 널리 적용되어 나타난다. 그러나 이 결론은 전제 속에 포함된 내용으로 도출되는 것이기 때문에 전제에 없던 새로운 지식은 도출되기 어렵다. 연역 논증은 '대전제→소전제→결론'의 형식으로 나타난다. 아래의 예시와 같이 소크라테스는 죽는다는 결론은 대전제와 소전제에 포함된 내용을 통해 제시된 것이다.

대전제 – 사람은 모두 죽는다.
소전제 – 소크라테스는 사람이다.
결론 – 따라서 소크라테스는 죽는다.

연역적 논증은 전제가 결론을 완벽하게 뒷받침하게 되기 때문에 전제가 진실이라면 결론도 진실이며, 거짓된 논증은 거짓 결론이 도출한다. 이것을 연역 논증에서는 '건전성', '타당성'이라고 부른다. 대전제와 소전제에 대해 알아보면 다음과 같다.

- 대전제는【A집단은 B하다】의 형태를 보인다.
- 소전제는 대전제의 구체적인 사례를 나타낸다.

소전제는 대전제를 긍정하거나 부정할 수 있다. 이때 소전제가 긍정일 때는 대전제의 주어(A집단)를 긍정해야 한다. 대전제를 부정할 때는 대전제의 동사나 형용사(B하다)를 부정해야만 타당성 있는 논증이 이루어진다.

	형태		예
대전제	A집단의 일원은 B하다		• 모든 사람은 죽는다. • 모든 할머니는 소녀였다. • 모든 유아는 놀이터를 좋아한다.
소전제	대전제 긍정	★★는 A의 일원이다	• 소크라테스는 사람이다. • 옥선이는 할머니이다. • 이안이는 유아이다.
	대전제 부정	★★는 B를 부정한다.	• AI는 죽지 않는다. • 태훈이는 소녀가 아니다. • 혜정이는 놀이터를 좋아하지 않는다.

위의 내용에서 대전제 긍정에 따른 결론을 내리면 다음과 같다.

• 모든 할머니는 소녀였다. • 옥선이는 할머니이다. • 따라서 옥선이도 소녀였다.	• 모든 유아는 놀이터를 좋아한다. • 이안이는 유아이다. • 따라서 이안이도 놀이터를 좋아한다.

위의 내용에서 대전제 부정에 따른 결론을 내리면 다음과 같다.

• 모든 할머니는 소녀였다. • 태훈이는 소녀가 아니다. • 따라서 태훈이는 할머니가 아니다.	• 모든 유아는 놀이터를 좋아한다. • 혜정이는 놀이터를 좋아하지 않는다. • 따라서 혜정이는 유아가 아니다.

(2) 귀납 논증

베이컨(Bacon), 로크(Locke) 등 경험론자들의 철학적 방법론으로, 개별적인 현상이나 특수한 사실을 분석하고 다양한 사례들이 포함되는 확장된 일반적 명제를 이끌어내는 것을 귀납이라고 하며 보다 큰 범주에 대한 결론을 이끌어내는 귀납법이라 한다.

귀납 논증은 특수한 사실로부터 일반화된 사실을 도출해내는 방법이다. 귀납법은 특수한 현상, 원리가 일반적인 경우에도 동일하게 적용될 것이라는 개연성에 의존하고 있기 때문에 연역 논증과 같은 논리적 필연성을 갖지는 못한다. 그러나 개별적인 특수 현상이나 사실로부터 보편적이고 일반적인 결론을 논증해 내는 것으로 다양한 경험 관찰 실험 등의 결과를 일반화하는 함으로써 경험을 사실적 지식으로 확장할 수 있다. 또한 귀납 논증은 새로운 지식이나 이론의 발견과 확장을 가능케 하는 논증 방법이기 때문에 실험이나 통계 자료를 폭넓게 활용해야 하는 자연과학, 사회과학 영역에서 다양하게 활용되고 있다. 따라서 귀납적 논증은 과거 경험과 상식을 바탕으로 미래의 상황을 예측할 수 있는 논증이다.

사실 – 소크라테스는 죽었다. 칸트도 죽었다.
사실 – 소크라테스와 칸트는 사람이다.
결론 – 그러므로 모든 사람은 죽는다.

귀납 논증은 전제가 진실하다고 해도 결론이 진실할 가능성이 클 뿐 거짓의 가능성을 가지고 있다. 그래서 귀납 논증은 성급한 일반화와 같은 오류가 발생할 가능성이 있으며, 주로 비교와 대조를 통해 이루어진다.

- 우리 반 선생님은 매일 칭찬 스티커를 주신다.
- 우리 반 친구 이안이는 스티커를 받았다.
- 그러므로 나도 칭찬 스티커를 받을 것이다.

이때 선생님이 매일 칭찬스티커를 주시기 때문에 우리 반 친구들은 스티커를 받을 수 있다. 우리 반 이안이도 받았기 때문에 나도 받을 것이라는 결론은 충분히 높은 가능성을 가지고 있으나 칭찬스티커를 우리반 친구 모두에게 주는 것이 아니라 칭찬할 일이 있을 때 받는 것이기 때문에 내가 칭찬스티커를 받을 만한 행동을 할 때 스티커를 받을 수 있을 것이라는 측면에서 합리적인 귀납적 논증이 될 수도 있지만 그렇지 않을 수도 있다.

따라서 귀납적 논증을 할 때에는 결정적인 공통점과 차이점, 인과관계에 필수적인 것이 무엇인지 꼼꼼히 따져 보아야 한다. 첫째, 원인은 효과보다 먼저 일어나야 한다. 인과관계에 있어 어떤 것이 먼저 일어났는지 알기 어려울 때가 있다. 둘째, 인과관계를 증명할 때에는 강력한 상관관계 이상의 논리적 연결이 필요하다. 왜냐하면 지속적으로 일어난 상황에 대해 원인에 대한 결과인 것 같아 보일 수 있지만 단순히 일어난 결과일 수도 있기 때문이다.

3) 논증 구조

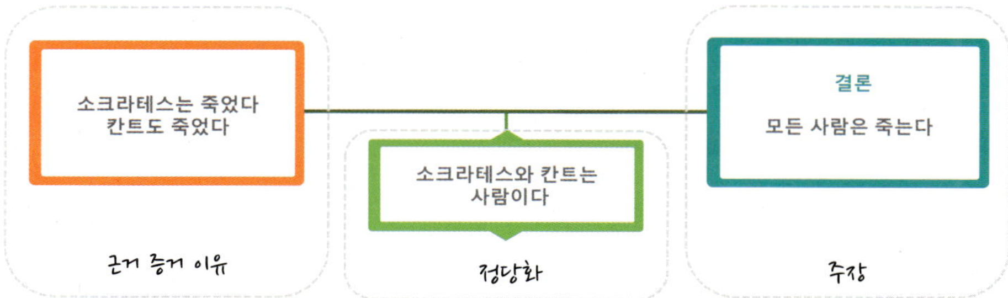

(1) 주장

주장은 논제를 받아들이도록 만드는 핵심이다. 논제와의 관계에서 보자면 이유이나, 근거와의 관계에서 보면 주장이 된다. '담배를 피지 말아야 한다'는 논제에 대해, 찬성 측은 '담배를 피지 말아야 한다', 반대 측은 '담배를 피워도 된다'는 주장이 성립한다. 찬성 측 주장이 논제를 입증하려는 것임에 비해 반대 측 주장은 찬성 측 주장의 부당성을 입증하려는 것이다

(2) 근거 증거 이유

근거는 주장을 뒷받침하는 사실적 진술하는 것으로, '담배를 피우는 것은 자신의 건강을 해롭게 한다.' '담배를 피우는 것으로 인해 스트레스를 받는 것보다는

담배를 피우는 것이 좋다.' 등이다. 더 구체적인 증거는 근거에 대한 내용이 참이라는 것을 입증할 수 있는 구체적인 자료이다. '건강 악화 – 담배 연기 속에 있는 니코틴은 소량이면 중추 신경을 자극하고 모세혈관을 수축시켜 혈압을 높이며 심장 운동을 촉진한다.' '암 발병률 증가 –1일 흡연 개수와 폐암의 관계는 외국의 조사 결과에 의하면 35~84세 남자로 하루 20개비 이상을 피우는 사람은 피우지 않는 사람보다 폐암 발생률이 6배이고, 40개비 이상 피우는 사람은 12.6배나 많이 발생한다.' 등이 있다.

(3) 정당화

'이와 같은 사례를 살펴보면', '예를 들어' 등과 같이 설득력 있는 내용이 증거로 채택될 때 논증의 관계는 더욱 타당화된다. 근거와 이유의 관계, 근거가 이유를 뒷받침하는 타당성을 보여 준다. '담배를 지속적으로 피우게 되면 건강이 나빠진다.' 등이 있다.

(4) 종합

주장을 지지하기 위해서는 근거나 이유, 증거를 통해 정리할 필요가 있다. 이를 종합이라 한다. 종합은 몇 개의 요소를 결합하여 하나의 전체로 통일하는 것으로 독립된 혹은 분리된 사고의 요소들이라고 생각된 주장, 근거 이유 주장, 정당성을 하나의 논리적 구성으로 통합하는 과정과 결과이다. 따라서 종합은 '그러므로 담배는 건강에 좋지 않다'로 표현될 수 있다.

자기주도학습〈2-1〉

1.논리와 논리적 사고의 개념에 대해 정리해보세요.

2. 논리적 사고의 필요성에 대해 정리해보세요.

3. 논리적 사고 구성 요소의 비판적 사고 구성요소에 해당하는 내용을 정리 해보세요.

4. 논리적 사고 방법 중 한가지를 선택하여 정리해보세요.(육하원칙, 논리나무, 평가행렬표)

자기주도학습〈2-2〉

1. 추론과 논증의 개념에 대해 정리해보세요.

2. 명제와 논제에 대해 정리해보세요.

3. 논증의 방법 두가지를 비교해보세요.

4. 논증의 구조를 바탕으로 논증과정을 정리해보세요.

수업자료〈2-1〉

01 다음 주장들을 가장 모호한 것부터 명료한 것의 순서대로 배열한 것은 어느 것인가?

(가) 이안이는 몸이 좋지 않아서 결석하였다.
(나) 이안이는 목이 아프고 열이 나서 결석하였다.
(다) 이안이는 편도선이 크게 붓고 열이 39도를 넘어서 결석하였다.
(라) 이안이는 감기 증세를 보여서 결석하였다.

① (가)- (나)- (다)- (라)
② (가)- (다)- (나)- (라)
③ (가)- (라)- (나)- (다)
④ (나)- (가)- (다)- (라)
⑤ (나)- (가)- (라)- (다)

출처 : 한국 교육과정평가원(2002)

02 논리적 사고 성향을 통해 자신을 평가해보세요.

논리적 사고성향	척도	합계〈최저5점-최고30점〉
진실지향성	1—2—3—4—5	
신중성	1—2—3—4—5	
개방성	1—2—3—4—5	
호기심	1—2—3—4—5	
인내심	1—2—3—4—5	
자기규제성	1—2—3—4—5	

*점수가 높을수록 논리적 성향이 높습니다.

03 논리적 사고 구성요소의 주제 관련 토론 영상(유치원 CCTV 설치)

04 논리적 사고방법에 있어 논리나무(Logic tree)를 활용하여 수업시간에 잠을 자는 원인을 적어보세요.

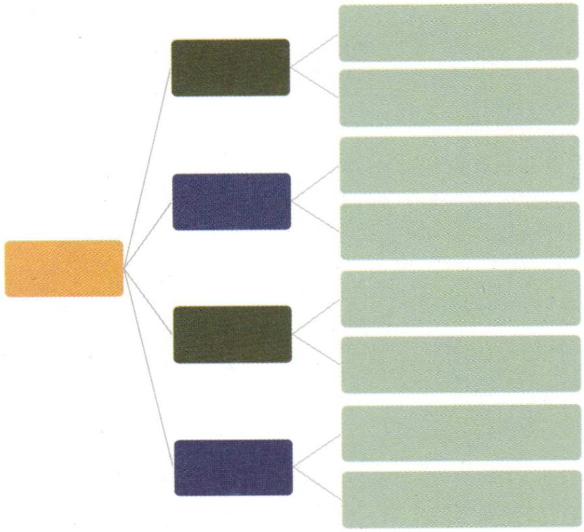

05 다음 글을 읽고 누가의 점수가 가장 높은가요? (평가행렬표를 만들어 알아보세요.)

영희는 친구들에게 먹을 것을 사 주는 적은 없고, 친구들과 잘 놀며, 공부는 공부를 잘 하지 못한다. 은미는 친구들에게 먹을 것을 잘 사주지만 같이 놀지 않고 공부를 잘한다. 형구는 친구들에게 먹을 것을 잘 사 주고, 친구들과 같이 잘 놀지만, 공부는 잘 못 한다. 은호는 친구들에게 먹을 것을 사 주거나 한 적이 없고, 친구들과 어울리지도 않으며, 공부는 잘한다. 그런데 형구와 영희는 친구들에게 인기가 있는 반면, 은호와 은미는 친구들에게 인기가 없다.

수업자료〈2-2〉

01 명제를 고르고 이유를 설명해보세요.

문장	명제이다(O/X)	이유
BTS는 멋지다		
BTS는 7명이다.		
유재석은 BTS이다.		

02 논제를 사실논제, 가치논제, 정책논제로 적절하게 분류해보세요

- 칭찬 스티커판은 유아로 하여금 선생님 말씀을 잘 듣게 한다.( )
- 칭찬 스티커판은 필요하다.( )
- 우리 교실에 칭찬 스티커판을 설치해야 한다.( )

03 논증을 만들어 보세요

1) 논제 사례 : 지하철 무임승차는 유지되어야 한다. VS 지하철 무임승차는 없어져야 한다. 누가 더 논리적으로 이야기를 하는 것 같나요?

〈참고영상–지하철 무임승차 찬반토론〉

2) 논제 사례 : 결혼은 해야한다 VS 결혼은 해지 않아도 된다

1. 주장: "~~하자"
2. 이유: "왜냐하면…"
3. 증거: "예컨대"
4. 강조: "그러므로."

유아 논리 및 논술

CHAPTER 03

창의적 사고

본 장에서는 창의적 사고의 개념 및 중요성과 창의적 사고를 구성하는 요소를 살펴본 후, 그러한 창의적 사고를 향상시킬 수 있는 방법에 대해 살펴보고자 한다.

1. 창의적 사고

1) 창의적 사고의 개념
2) 창의적 사고의 중요성

2. 창의적 사고의 구성

1) 창의적 사고 능력
2) 창의적 성향

3. 창의적 사고 기법

1) 브레인스토밍
2) 강제결합법
3) 속성열거법
4) 스캠퍼
5) PMI
6) 시네틱스

목표

- 창의적 사고의 개념을 안다.
- 창의적 사고의 중요성에 대해 안다
- 창의적 사고의 구성요소에 대해 안다.
- 창의적 사고 기법에 대해 관심을 가진다.

1 창의적 사고

1) 창의적 사고의 개념

창의적 사고의 개념에 대해 알아보기 전에 우선 창의성이란 무엇인지 살펴볼 필요가 있다. 창의성이란 무엇일까? 창의성(creativity)이라는 단어는 '만들다', '성장하다', '자라게 하다'라는 의미를 가진 라틴어 creare에서 유래하였다. 또한 한자어를 살펴보면, 창의성(創意性)의 창(創)은 비롯하다·만들다, 의(意)는 뜻·의미, 성(性)은 성품·성질을 의미한다. 따라서 창의성(創意性)은 '새로운 것을 생각해내는 본성 또는 특성'을 의미한다고 볼 수 있다. 그리고 창의성의 사전적 의미를 살펴보면 창의성이란 '새로운 것을 생각해내는 특성'을 의미한다(국립국어원 표준국어대사전, 2022).

창의성에 대한 학자들의 정의를 살펴보면 토랜스(Torrance, 1958)는 "창의성은 새롭고 독특한 아이디어, 다른 관점, 문제를 새로운 시각으로 보는 것"이라고 하였다. 또한 길포드(Guilford, 1970)는 창의성이란 "새롭고 신기한 것을 낳는 힘"이며, 즉 새로운 사고를 생산해 내는 것을 창의성이라 하고 정도의 차이는 있을지라도 모든 사람이 공유하는 것이라고 하였다(전경원, 박인영, 김경숙, 오한나, 2020에서 재인용). 전경원(2004)은 "'창의'란 타인과 자신의 행복을 위하여 가치를 부여할 수 있는 물건이나 아이디어를 산출하는 것뿐만 아니라, 문제해결을 위해 새로운 생각을 하는 능력 또는 그것을 기초화하는 특성으로 '창의력'과 '창의성'을 포함한다"고 하였다.

이렇게 창의성의 개념은 다양하지만, 일반적으로 창의성은 '새롭고 적절한 것을 산출하는 능력'이라고 정의한다. '새롭다'는 것은 지금까지 존재하지 않았던 독창적인 것을 의미하고, '적절하다'는 것은 만들어 낸 것이 무엇이든 간에 그 목적이나 의도에 맞게 적절해야 한다는 것이다(전경원 외, 2020). 이렇게 창의성은 2가지 핵심요소로 정리할 수 있는데, 그것은 바로 '새로움(독창적, 독특한, 신선한)'과 '적절성(유용한, 구체화된, 가치 있는, 의미 있는)'이다(박찬옥 외, 2013).

즉, 창의성의 일반적인 개념은 '새로움'과 '적절성'이다. 따라서 새로우면서도 적절한 산출물을 생성해 낼 수 있는 능력이라는 정의가 가장 폭넓게 일반적으로 받아들여지고 있다.

이러한 창의성에 대해 우리는 많은 오해를 하고 있다. 일반적으로 많은 사람들은 창의성은 특별한 사람들에게만 있고, 특히 예술과 관련되어 있다고 생각하는 경향이 있다. 그러나 창의성은 특별한 능력이 아니며, 누구나 가지고 있는 것이다.

창의적인 사고란 창의적으로 사고하는 힘을 의미한다. 이러한 창의적인 사고를 하려면, 즉 창의적인 존재가 되려면 우리는 어떻게 사고하고 행동해야 할까? 다른 사람과 다른 시각이나 관점으로 문제를 바라보는 것이 쉽지는 않지만, 그렇게 하려고 노력하는 것으로부터 창의적인 사고가 시작된다. 그렇게 하기 위해서 다른 사람과는 다른 생각을 갖고 있거나 다른 관점에서 문제를 바라보는 사람들과 자주 대화를 나누는 것이 좋다(정재승, 2018). 자신과 다르게 생각하는 사람을 만나거나 그런 발상의 기회를 가지도록 하고, 그것들을 결과물이 아니라 사고방식을 흉내 내되, 그대로 똑같이 따라 하지는 말고 꾸준히 변형하는 것이 창의적인 사고의 출발이 될 것이다.

2) 창의적 사고의 중요성

일상생활에서 발생하는 다양한 문제들을 해결하기 위해서 논리적 사고와 더불어 필요한 것이 바로 창의적 사고이다. 미국 델라웨어대학교 심리학 및 교육학 교수인 로베르타 골린코프(Roberta M. Golinkoff)와 템플대학교 심리학부 교수이자 놀이 학습 개발 전문가인 캐시 허시-파섹(Kathy Hirsh-Pasek)은 저서「최고의 교육(2018)」에서 21세기를 살아가는데 있어 필요한 핵심 역량으로 6C 역량을 제시하며 강조하였는데, 6C 역량은 콘텐츠(Content), 협력(Collaboration), 의사소통(Communication), 비판적 사고(Critical Thinking), 창의적 혁신(Creative Innovation), 자신감(Confidence)이다. 현대사회는 과학기술과 전자미디어의 발달로 인해 이제 우리는 언제 어디서든 많은 정보를 접할 수 있게 되었고, 궁금한 점은 즉시 찾아볼 수 있게 되었다. 따라서 과거와는 달리 많은 지식이나 정보를 단순히 기억하는 것에서 벗어나 그것들을 어떻게 연결해서 새롭고 유용한 것으로 만들어 내느냐가 더욱 중요하게 되었다.

2019 개정 누리과정에서도 창의성을 강조하고 있다. 2019 개정 누리과정은 국가 수준의 교육과정으로 누리과정이 추구해야 할 교육적 비전으로 추구하는 인간상을 제시하고 있다. 누리과정에서 제시한 인간상은 건강한 사람, 자주적인 사람, 창의적인 사람, 감성이 풍부한 사람, 더불어 사는 사람이며, 이는 미래의 핵심 역량을 반영한 초·중등학교 교육 과정의 인간상과 연계되어 있다(교육부, 보건복지부, 2019). 유아는 호기심을 가지고 주변 세계를 탐색하며 재미있는 상상을 해나가고 자신만의 방식으로 놀이를 변형하고 창조하면서 창의성을 기른다. 따라서 자신의 경험과 생각, 느낌을 자유롭게 표현할 수 있도록 도와줌으로써 유아의 창의성 신장을 지원해야 할 필요가 있다.

창의성은 하나의 능력이며, 학습에 의해 증진된다. 즉, 창의성은 교육이나 학습을 통해 향상될 수 있다. 창의적인 사람들의 특징 가운데 하나가 자신이 알고 있는 지식을 세상과 연결하는 경험을 즐긴다는 것이다. 많은 지식을 머리에 저장하고 중요한 기술은 몸에 체화하면서 기본적인 것은 훈련을 통해 학습해야, 중요한 순간에 인지적인 에너지를 발휘할 수 있다. 창의적인 사고를 하기 위해서는 교육과 훈련이 중요하다(정재승, 2018).

창의적 사고 발달을 위해...

- 하나의 정답이 있는 질문이나 '예', '아니오'와 같이 둘 중 하나를 선택해서 대답하는 발문보다는 다양한 생각이 나타날 수 있는 발문을 많이 한다.
- 사고력, 문제의식, 분석력을 높일 수 있도록 '어떻게', '왜'와 같은 발문을 한다.
- 발문을 하고 자신의 생각을 정리해서 이야기할 시간을 주며 기다린다.
- 미리 생각해 둔 답으로 유도하지 않는다.
- 다소 엉뚱한 답이 나오더라도 존중한다.
- 다른 사람의 생각이나 아이디어를 주의 깊게 듣고 존중하도록 한다.
- 자신의 생각과 느낌을 이야기할 수 있도록 격려한다.

2 창의적 사고의 구성

창의성은 개인의 창의적 사고 능력(지능, 사고, 지각)과 창의적 성향(성격, 동기)이 상호작용하면서 나타나게 된다. 따라서 창의적 사고는 크게 창의적 사고 능력과 창의적 성향으로 구성되어 있다고 볼 수 있다.

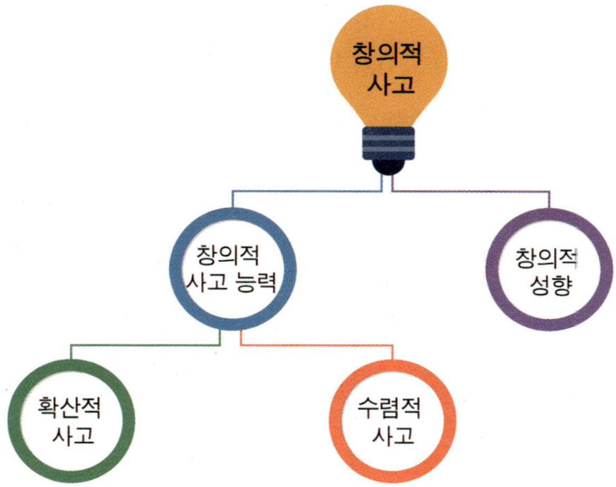

[그림 3-1] 창의적 사고의 구성

1) 창의적 사고 능력

창의성은 인지능력의 한 특성으로, 창의적 사고를 하기 위해서는 확산적 사고와 수렴적 사고가 필요하다. 확산적 사고는 아이디어 산출물의 유창성과 독창성을, 그리고 수렴적 사고는 아이디어 산출물의 적절성(유용성)을 판단한다. 즉, 확산적 사고가 새로운 아이디어 생성을 위해서 필요하다면, 수렴적 사고는 산출물의 새로움(독특함)과 적절성(유용성)을 판단하거나 평가하고. 문제점이나 보완한 점을 발견하여 더 새롭고 적절한 아이디어를 산출하는 데 필요한 사고이다(박찬옥 외, 2013). 확산적 사고를 통해 나온 다양한 아이디어 산출물 중 창의적인 산출물을 생성하기 위해 가장 적절한 것을 선택하는 과정에서 수렴적 사고가 필요한 것이다. 따라서 어떠한 주제(과제)나 문제 상황을 창의적으로 해결하기 위해서는 확산적 사고와 수렴적 사고가 함께 작용해야 한다.

(1) 확산적 사고

확산적 사고는 창의적 사고의 중심이라고 볼 수 있으며, 확산적 사고의 구성요소로는 유창성, 융통성, 상상력, 독창성, 정교성이 포함된다.

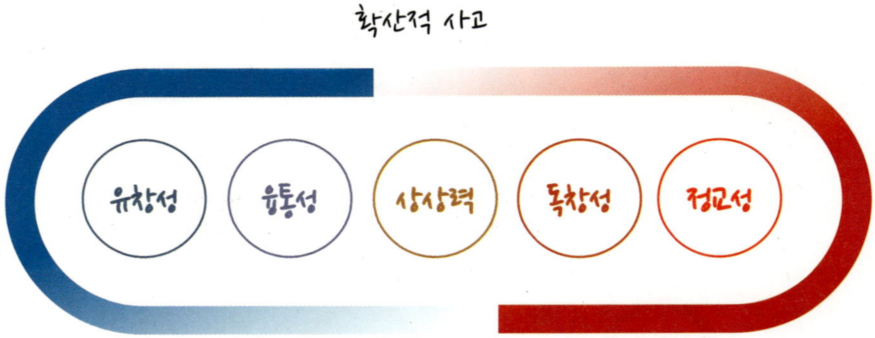

① 유창성

유창성은 특정한 상황에서 가능한 많은 양의 아이디어나 해결책을 산출해 내는 능력으로 아이디어의 풍부함과 관련된 양적인 능력이다. 따라서 아이디어나 해결책의 질이 아니라 양이 중요하므로 많은 양의 아이디어를 산출할 수 있도록 해야 한다.

- '빨강' 하면 생각나는 것을 모두 이야기해보자.
- '종이컵'을 가지고 무엇을 할 수 있을까?
- 동그라미를 보면 무엇이 생각나니?

② 융통성

융통성은 고정적인 사고방식이나 시각의 틀을 깨고 변환시켜 다양한 아이디어나 해결책을 산출해 내는 능력으로 아이디어의 질적인 능력이다. 즉, 어떤 문제를 해결하거나 아이디어를 산출하는데 있어 다양한 방법이나 해결책으로 접근하여 산출하는 능력이다.

- 물을 마시려고 하는데 컵이 없으면 어떻게 해야 할까?
- 우산을 다른 용도로 이용한다면 어떻게 사용할 수 있을까?

③ 상상력

상상력은 새로운 표상을 만드는 능력이다. 상상력이 발달하려면 이전의 과거 경험이 축적되어야 하고, 여러 다른 이미지를 새로운 상황 속에서 통합할 수 있어야 한다.

- 만약 물이 없다면 어떤 일이 일어날까?
- 만약 우리가 구름을 타고 하늘을 날 수 있다면 어떨까?
- 만약 내가 새라면 어떤 일이 생길까?

④ 독창성

독창성은 기존의 사고와는 다른 새롭고 독특한 아이디어나 해결 방법을 산출하는 능력이다.

- ㅇㅇ에 새로운 이름을 만들어보자.
- 책상을 다른 모양으로 만든다면 어떤 모양으로 만들 수 있을까?

⑤ 정교성

정교성은 산출된 아이디어를 발전시켜 표현하는 능력으로, 주어진 문제를 구체적으로 검토하며 부족한 부분을 찾아 보완하고 정교하게 다듬는 능력이다. 이를 통해 세부 요소들을 첨가함으로써 더욱 가치 있고 유용한 것으로 발전시킬 수 있다.

- 조금 더 자세하게 이야기해보자.
- ㅇㅇ를 조금 더 좋게 만들려면 어떻게 해야 할까?

(2) 수렴적 사고

수렴적 사고에 포함되는 구성요소는 논리 및 추론, 비판 및 평가, 분석, 종합이다.

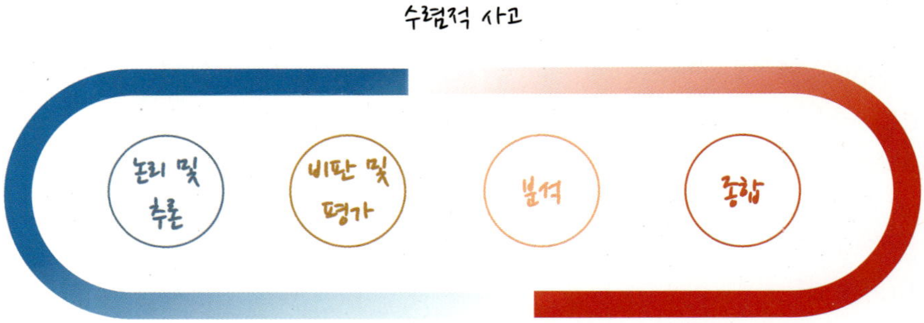

① 논리 및 추론

논리 및 추론은 타당한 논리 또는 증거를 근거로 하며 사고의 전개에 있어 전후 관계가 일치하도록 하는 능력이다.

② 비판 및 평가

비판 및 평가는 어떤 사실이나 상황의 옳고 그름과 좋고 나쁨을 가려내는 능력이다.

③ 분석

분석은 개념이나 사물을 속성이나 요소로 분석하여 이해하는 능력이다. 즉, 대상의 유사점이나 차이점을 비교하고, 주어진 이야기의 이유와 결과 등을 나누어 이해하는 능력이다.

④ 종합

종합은 나열되어 있는 개념을 통일시켜 하나의 의미로 정립시키는 능력이다.

2) 창의적 성향

창의적 사고 능력이 작용하는 과정에서 개인에게 요구되는 태도적 특성인 창의적 성향이 요구된다. 창의적 성향에는 개방성, 과제집착력, 호기심, 자발성, 자기신뢰감, 민감성이 포함된다.

창의적 성향

① 개방성

개방성은 태도나 생각이 열려 있는 상태를 의미한다. 즉, 인간의 생각·경험·태도 등이 기존의 사고 틀에 얽매이지 않고 새로운 가능성을 탐색하는 성향이다.

② 과제집착력

과제집착력은 특정 주제(과제)나 상황에 주의집중하고, 문제가 해결될 때까지 끈질기게 하는 성향이다.

③ 호기심

호기심은 새롭고 신기한 것을 좋아하거나 모르는 것을 알고 싶어하는 마음으로 주변 사물에 의문을 가지고 끊임없이 질문하는 성향이다.

④ 자발성

자발성은 다른 사람의 지시나 영향을 받지 않고, 자기 내부의 원인과 힘에 의하여 사고나 행위가 이루어지는 특성이다. 이러한 자발성은 문제 상황에 적극적으로 대처하고, 다른 사람의 요구·지시·강요가 아니라 자신의 내적 동기에 의해 아이디어나 해결책을 산출하려는 성향이다.

⑤ 자기신뢰감

자기신뢰감은 자신의 아이디어에 대한 가치를 스스로 인정하고, 다른 사람들의 평가로부터 영향을 받지 않으려는 성향이다.

⑥ 민감성

민감성은 일상생활에서 접할 수 있는 문제나 주변 환경에 대해서 세심하게 관심을 가지고, 당연히 여겨지는 것에 대해서도 의문을 가지고 생각해 보는 성향이다.

3 창의적 사고 기법

창의적 사고 기법은 어떤 과제나 주어진 상황에서 문제해결에 필요한 새롭고 적절한 아이디어를 산출하도록 돕는 방법을 말한다. 즉, 창의적 사고 기법은 창의적 사고 발달에 도움을 주는 방법이다. 대표적인 창의적 사고 기법으로 브레인스토밍(brainstorming), 강제결합법, 속성열거법, 스캠퍼(SCAMPER), PMI, 시네틱스(Synectics) 등이 있다.

1) 브레인스토밍(brainstorming)

(1) 브레인스토밍(brainstorming)의 개념

브레인스토밍(brainstorming)은 '두뇌'라는 뜻의 브레인(brain)과 '폭풍'이라는 뜻의 스토밍(storming)이 결합된 단어로 '아이디어가 휘몰아친다'는 의미를 가지고 있다. 즉, 브레인스토밍(brainstorming)은 특정한 문제나 주제에 대해 두뇌에서 마치 폭풍이 몰아치듯이 생각나는 아이디어를 모두 산출하는 방법이다.

브레인스토밍(brainstorming)은 누가 왜 만들었을까?

1941년 미국의 광고회사 BBDO의 부사장이었던 오스본은 깊은 고민에 빠졌다. 새로운 광고를 제작하면서 광고주의 눈길을 끌 만한 획기적인 아이디어가 떠오르지 않았기 때문이었다. 그는 카피라이터와 디자이너, 영업담당자들을 모두 회의실로 불러 회의를 시작했다. 당시만 해도 광고업계는 철저한 분업체계로 서로 다른 업무를 담당하는 사람들이 한 자리에 모이는 일은 거의 없었다.

오스본은 새로운 광고 아이디어를 짜내기 위해 개발한 회의기법으로 회사 내 모든 부서 사람들을 회의에 참여시켜 자유분방한 분위기에서 아이디어 회의를 진행했다. 효과는 기대 이상이었다. 자유롭게 아이디어를 발상하는 과정 중에 개발팀과 거리가 먼 영업담당자가 좋은 아이디어를 낸 것이다. 서로 다른 업무를 하는 사람들이 모이자 새로운 관점의 아이디어가 탄생하게 된 것이다. 아이디어에 살을 붙이는 방식으로 계속해서 아이디어를 확장했다. 오스본은 이러한 회의방법이 효과를 거두자 회사 전체에 적용시켰다. 이 회의기법이 바로 '브레인스토밍(brainstorming)'이다.

출처: 복주환(2017).

(2) 브레인스토밍(brainstorming)의 진행

브레인스토밍(brainstorming)을 효과적으로 진행하기 위해서는 지켜야 할 원칙, 적절한 인원 구성, 진행단계에 대해 알 필요가 있다(복주환, 2017).

① 원칙

브레인스토밍(brainstorming)을 하기 위해서는 지켜야 할 4가지 원칙이 있다.

첫째, 자유로운 분위기에서 브레인스토밍을 한다. 자유로운 복장과 분위기 속에서 아이디어를 산출할 수 있도록 한다. 아이디어는 자유로운 분위기에서 나오기 때문에 권위를 내세우거나 자신의 생각을 주장하지 않도록 한다.

둘째, 아이디어의 질보다는 양이 중요하다. 많은 아이디어에서 좋은 아이디어가 나오기 때문에 아이디어의 좋고 나쁨을 판단하지 말고 가능한 많은 양의 아이디어를 산출하는 것이 중요하다. 간혹 주제나 문제상황과는 다른 엉뚱한 아이디어가 나오더라도 수용하는 자세를 보여야 한다.

셋째, 아이디어를 비판하거나 평가하지 않는다. 만약 아이디어를 비판하게 되면 아이디어를 산출하는 사람이 위축되어 브레인스토밍의 효과가 사라지게 된다.

넷째, 산출된 아이디어의 결합과 개선을 통해 새로운 아이디어를 이끌어 낸다.

수많은 아이디어를 나열했으면 관련 키워드를 모아 결합을 하거나 개선하여 새로운 아이디어를 내도록 한다. 즉, 이미 산출된 아이디어로부터 다른 아이디어를 이끌어 낼 수 있도록 해야 한다.

② 인원 구성

브레인스토밍을 하기 위해서는 회의를 진행하는 사람, 기록하는 사람, 아이디어를 산출하는 사람을 정해야 한다.

- 회의 진행하는 사람은 브레인스토밍의 4가지 원칙과 효과를 잘 알고 있어야 한다. 자기 개인의 주장을 하기보다는 발표자의 의견을 잘 경청하고 자유롭게 토론할 수 있도록 해야 한다. 또한 브레인스토밍에 참여하는 모두가 골고루 이야기할 수 있도록 중재할 수 있어야 한다.
- 기록하는 사람은 아이디어 산출하는 사람의 의견을 잘 요약하고 정리하여 기록해야 한다. 또한 자신의 해석이나 의견이 들어가지 않도록 객관적인 입장에서 기록해야 한다.
- 아이디어를 산출하는 사람들은 모두 브레인스토밍의 원칙들을 잘 이해하고 있어야 한다. 또한 아이디어를 산출하는 과정에서 기존의 틀을 벗어나지 못한다면 새로운 인원을 구성할 필요가 있는데, 새로운 인원이 참여하면 새로운 생각이 산출될 수 있기 때문이다.

③ 진행 단계

브레인스토밍 진행은 오리엔테이션 단계, 개별 아이디어 산출 단계, 집단 토론 단계, 평가단계로 이루어진다.

- 오리엔테이션 단계는 브레인스토밍의 첫 단계로 주제를 선정하여 안내하는 단계이다. 해결해야 할 문제, 달성 목표, 방법과 해결책 등 구체적인 주제를 정한 뒤 각자 산출할 아이디어의 수를 구체적으로 제시한다.
- 개별 아이디어 산출 단계는 브레인스토밍을 진행하기에 앞서 각자 개인적으로 아이디어를 정리하는 시간이다. 시간을 정해두고 편안하게 아이디어를 종이나 디지털 도구에 정리해 본다.

- 집단토론 단계는 아이디어 정리가 완료되면 시작한다. 다른 사람의 아이디어를 주의깊게 듣고 자신의 아이디어도 말한다. 이때 자신의 의견을 주장해서는 안되며, 각자의 아이디어를 모두 들어본 후에는 산출된 아이디어의 내용을 분류하고 키워드를 새롭게 융합하며 아이디어를 구체화해 나가도록 한다.
- 평가단계는 집단토론을 마치고 바로 하는 것보다 객관화하기 위해 시간을 두고 진행하는 것이 좋다. 브레인스토밍에서 산출된 아이디어들이 모두 좋은 내용의 아이디어라고 볼 수는 없기 때문에 다른 사람의 의견을 들으며 내용을 검토할 필요가 있다.

브레인스토밍을 할 때에는 마인드맵 형식으로 방사형 구조르 생각을 정리하며 확장시켜 나가기도 하고, 포스트잇을 사용할 수도 있다. 포스트잇을 사용할 경우에는 탈부착이 되기 때문에 편집이 쉽다.

2) 강제결합법

강제결합법은 서로 관련 없어 보이는 어떤 사물이나 아이디어를 강제로 연결시킴으로써 새로운 사물이나 아이디어를 산출해내는 기법으로, 독창적인 아이디어를 산출하도록 돕는다. 강제결합법은 비슷한 아이디어들이 계속 나오거나 더 이상 새로운 아이디어가 산출되지 않을 경우 유용하게 사용할 수 있다.

일반적으로 가장 쉽게 접근해볼 수 있는 방법이 임의로 강제결합해 보는 방법이다. 상자나 바구니에 카드나 사물을 넣어두고 두 개 이상의 사물을 꺼내어 결합해보는 것이다. 이때 사물의 특징을 정확하게 파악하여 제시된 각 사물의 특징을 열거해 보고 조합이 가능한 특징끼리 짝지어 보면 새로운 산출물이 나올 수 있게 된다. 예를 들어, 연필과 지우개가 결합된 결과물이 바로 지우개 달린 연필인 것이다.

문학 작품에서도 여러 가지 방식을 통해 강제결합법을 활용할 수 있다. 몇 가지 이야기를 강제결합하기도 하고, 주인공·장소·사건 등에 따라 강제결합해 볼 수도 있다(이문정, 2010; 한유미, 2018).

① 이야기를 병렬적으로 강제결합

〈이야기 1〉 심청전	—	〈이야기 2〉 별주부전	—	〈이야기 3〉 선녀와 나무꾼

물에 빠진 심청이를 거북이가 구해주었고, 심청이는 토끼의 간을 가지고 용궁으로 갔다. 용왕이 고맙다고 눈 뜨는 약을 주었고, 거북이는 심청이를 육지에 데려다 주었는데, 그곳에 나무꾼이 있었다 …….

② 주인공, 사건, 장소 등을 강제결합

〈주인공〉 심청전의 심청이	—	〈사건〉 별주부전	—	〈장소〉 선녀와 나뭇꾼의 연못

바다에 빠진 심청이는 헤엄을 치다 거북이를 만났다. 거북이는 토끼의 간을 놓쳐서 용궁에서 쫓겨났다. 심청이는 수영을 잘 못해서 힘든 상황이었는데, 거북이가 심청이를 육지까지 데려다 주었다. 그런데 그곳에 집이 있었는데 그 집은 선녀와 나무꾼의 집이었다 …….

출처: 한유미(2018)에서 재인용.

3) 속성열거법

속성열거법은 주어진 주제나 문제의 속성(색깔, 모양, 크기 등)을 나열해봄으로써, 기존의 아이디어와는 다른 개념이나 원리를 다르게 결합하거나 수정해서 새로운 아이디어를 산출해 내는 방법이다. 사물의 여러 가지 속성을 열거해봄으로써 기존과는 다른 아이디어를 산출해내는 활동을 할 수 있다.

4) 스캠퍼(SCAMPER)

스캠퍼(SCAMPER)는 오스본(Osborn)이 제안한 브레인스토밍 기법을 보완하기 위하여 1971년 에벌리(Eberle)가 재구성한 아이디어 촉진 기법으로, 7가지 항목의 첫 영문자를 따서 이름 붙여진 기법이다. 스캠퍼(SCAMPER)의 S(Substitute)는 대체하기, C(Combine)는 결합하기, A(Adapt)는 적용하기, M(Modify, Magnify, Minify)은 수정하기, 확대하기, 축소하기, P(Put to other uses)는 다른 용도로 사용하기, E(Eliminate)는 제거하기, R(Reserve, Rearrange)은 뒤집기, 재배열하기를 의미한다.

스캠퍼는 우리 일상생활 주변에서 나타나는 여러 가지 문제점을 발견하고 해결할 수 있도록 주어진 질문에 따라 사고를 전개시키므로 쉽게 활용할 수 있다.

〈표 3-1〉 스캠퍼(SCAMPER)의 내용과 질문의 예시

	내용	질문
S (Substitute, 대체하기, 바꾸기)	• 성분, 재질, 재료를 바꾸거나 다른 대체할 것을 찾아서 바꾸기	기존에 사용되고 있는 것을 무엇으로 대체할 수 있을까?
C (Combine, 결합하기, 합치기)	• 결합할 것을 찾아 서로의 기능이나 용도를 결합하기	무엇과 무엇을 합쳐볼 수 있을까?
A (Adapt, 적용하기)	• 어떤 원리를 전혀 다른 무언가에 응용해 보기	이미 알려진 원리를 적용할 수는 없을까?
M (Modify, Magnify, Minify, 수정하기, 확대하기, 축소하기)	• 기존의 색, 모양, 크기 등을 바꾸기	색, 모양, 크기 등을 바꿀 수 없을까?
P (Put to other uses, 다른 용도로 사용하기)	• 본래의 용도가 아니라 다른 곳에 사용해 보기	지금 사용했던 것과 다른 용도로 사용할 수는 없을까?
E (Eliminate, 제거하기, 삭제하기)	• 기존의 것에서 어떤 부분을 제거하기	원래 있던 것에서 어떤 것을 없애면 어떻게 될까?

	내용	질문
R (Reserve, Rearrange. 뒤집기, 재배열하기)	• 순서나 방향을 바꾸기	순서를 바꾸거나 방향을 뒤집어 볼까?

5) PMI

PMI(Plus, Minus, Interesting)는 산출된 아이디어의 장점(좋은 점), 단점(나쁜 점), 흥미로운 점을 살펴보면서 그 아이디어를 평가하는 기법이다. 우선 아이디어의 좋은(장점) 이유에 대해 생각해보고 그다음으로 나쁜(단점) 이유 그리고 마지막으로 흥미로워 보이는 점에 대해 생각해 본다. 특히 아이디어를 산출할 때는 P(장점), M(단점), I(흥미로운 점)를 분리해서 생각해야 할 필요가 있다.

PMI는 일반적으로 다음과 같은 단계로 진행된다. 첫째, 주제를 선정한다. 둘째, 주제에 대한 P(장점), M(단점), I(흥미로운 점)를 순서대로 산출한다. 셋째, P(장점, 좋은 점)를 더욱 강조할 수 있도록 보완한다. 넷째, M(단점, 나쁜 점)에 대한 원인과 대책을 제시한다. 다섯째, I(흥미로운 점)를 통해 새로운 대안을 산출하도록 한다.

〈표 3-2〉 PMI의 구성 요인

구성요인	내용
P (Plus) 장점(좋은 점)	왜 좋아하는가?
M (Minus) 단점(나쁜 점)	왜 좋아하지 않는가?
I (Interesting) 흥미로운 점	왜 흥미롭다고 생각하는가?

6) 시네틱스(Synectics)

시네틱스(Synectics) 기법은 유추법이라고도 불리며, 유추를 통해 유사한 문제의 인식을 촉진하는 기법이다. 유추란 같은 종류의 것 또는 비슷한 것에 기초하여 다른 사물을 미루어 추측하는 일 또는 두 개의 사물이 여러 면에서 비슷하다는 것을 근거로 다른 속성도 유사할 것이라고 추측하는 것을 의미한다. 시네틱스 기법에는 직접적 유추, 의인적 유추, 상징적 유추, 환상적 유추 등이 있다.

직접적 유추는 겉으로 보기에는 전혀 관련 없어 보이는 어떤 대상의 특성을 문제 상황과 결부시켜 보는 방법이다. 이것은 해결해야 할 대상의 특징이 어떤 물체의 특성과 비슷하다면 나머지 요소들도 비슷할 것이라는 가정에 토대한 것이라고 볼 수 있다. 의인적 유추는 사람을 어떤 사물로 비유하거나 또는 사물을 사람으로 비유하는 방법이다. 상징적 유추는 동화나 전설 속의 상징적 인물이나 사건을 통해 아이디어를 얻는 방법이다. 환상적 유추는 현실적으로는 문제해결이 어려울 때 사용하는 방법이다.

자기주도학습〈3-1〉

1. 창의성의 개념에 대해 정리해보세요.

2. 창의적 사고의 중요성에 대해 정리해보세요.

3. 창의정 사고 능력 중 확산적 사고에 대해 정리해보세요.

4. 창의적 성향에 대해 정리해보세요

자기주도학습〈3-2〉

1. 브레인스토밍(brainstorming)에 대해 정리해보세요.

2. 강제결합법에 대해 정리해보세요.

3. 스캠퍼(SCAMPER)에 대해 정리해보세요.

4. PMI에 대해 정리해보세요.

수업자료〈3-1〉

01 자신이 창의적인 사람이라고 생각하나요? 그 이유에 대해 작성해보세요.
(창의적인 사람이 아니라고 생각하면 그 이유에 대해 작성해보세요)

02 창의성에 대한 자신의 생각을 체크해 보세요.

창의성에 대한 생각	○, ×
1. 전문가에게서만 창의성이 나타난다.	
2. 배울 수 없다.	
3. 완전히 새로운 것이다.	
4. 노력하지 않아도 창의적인 생각이 떠오른다.	
5. 창의적인 사람은 실패를 하지 않는다.	

03 창의적인 사람 하면 누가 떠오르나요? 그 이유는 무엇인가요?

04 창의성 관련 영상 (EBS 다큐프라임 – 창의성의 발견)

05 종이컵을 어떻게 사용할 수 있을까요?
생각나는대로 작성해보세요.

06 동그라미 모양을 이용하여 그림을 그려보세요.

수업자료〈3-2〉

01 '개미'로 브레인스토밍 해보세요.

02 다음에 제시된 내용을 강제결합해보세요.

〈이야기를 병렬적으로 강제결합하기 〉

〈이야기 1〉 — 〈이야기 2〉 — 〈이야기 3〉

〈주인공, 사건, 장소 등에 따라 강제결합하기〉

〈주인공〉	〈사건〉	〈장소〉

〈사물 강제 결합하기 〉

〈사물 1〉	〈사물 2〉	〈사물 3〉

03 주제를 정하여 스캠퍼해보세요.

자신이 평소 관심있던 주제를 선정하여 스캠퍼 기법을 활용하여 아이디어를 산출해보세요.

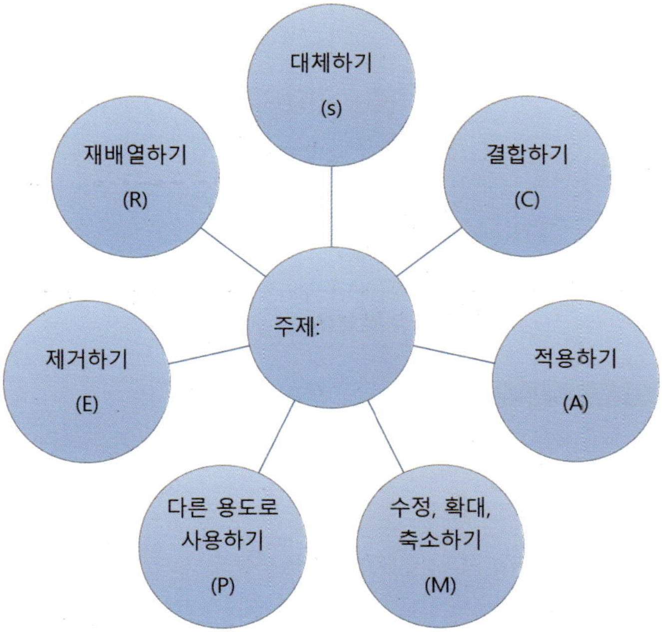

유아 논리 및 논술

CHAPTER 04

유아와 사고

본 장에서는 유아의 사고과정에 대해 알아보고자 한다. 유아의 사고과정에 관련된 사고 발달 단계 및 교사의 역할에 대해 알아봄으로써 유아에 대한 이해를 돕고자 한다.

1. 피아제

1) 인지발달 과정
2) 인지발달 단계
3) 교육적 시사점

2. 비고츠키

1) 사고발달 과정
2) 사고발달 단계
3) 교육적 시사점

3. 듀이

1) 지식축적 원리
2) 지식축적 방법
3) 교육적 시사점

4. 유아의 사고발달을 위한 교사 역할

1) 피아제 이론을 활용한 교사의 역할
2) 비그츠키 이론을 활용한 교사의 역할
3) 듀이 이론을 활용한 교사의 역할

목표

- 피아제의 인지발달 과정과 단계에 대한 개념을 안다.
- 비고츠키의 인지발달 요소와 단계에 대한 개념을 안다.
- 듀이의 지식축적 원리와 방법에 대한 개념을 안다.
- 유아 사고발달을 위한 교사의 역할에 대해 안다.

1 피아제

피아제(Piaget, 1896~1980)는 스위스의 심리학자로 제네바 대학교수로 활동하였다. 피아제는 아버지로부터 많은 영향을 받아 어려서부터 자연 과학에 관심을 갖고 연구하였다. 그는 열한 살 공원에서 본 백변종 참새에 관한 논문을 시작으로 수백 개의 기사와 50권이 넘는 저서를 출판하였다. 이와 함께 피아제는 아동심리에 관심을 가지고 있었다. 그는 자신의 세 자녀에 대한 성장 과정을 통해 1920년 아동심리학에서는 최초로 과학적 접근인 임상 면담과 관찰을 통해 아동의 사고가 기존에 성인이 생각하던 아동의 사고와는 질적으로 다르다는 것을 발견함으로써 인지발달이론을 제시하여 학계에 많은 영향을 주었다. 특히 피아제의 인지발달이론은 유아의 내적 요인 가운데 인지적인 측면을 집중적으로 이론화하였다. 이는 성숙주의 및 행동주의와 달리 유아가 개인 내적으로 수용하는 지적 체계에 관심을 갖고 있다는 것을 보여주었다.

1) 인지발달 과정

피아제의 인지발달 이론은 당시 인간의 행동을 단순히 자극과 반응이라는 용어로서 설명하는 행동주의에 대한 반발로 발전하였다. 인간은 생각하고 기억하며 계획하고 판단한다. 또 유아는 환경에서 받아들여지는 다양한 자극 중에서 자신의 관심에 따른 자극을 선택을 할 수 있다. 이 과정을 피아제는 인간의 지적 행동으로 보았다. 유아가 자신을 둘러싼 환경 속에서 반응하고 적응하는 것을 피아제는 환경에 대한 순응이라고 보았으며 순응은 동화(assimilation)와 조절(accomodation)이라는 두 가지 보충적 과정을 통해서 이루어진다고 하였다. 동화와 조절은 체계화되어서 평형화(equilibration)를 이루게 되는 데 평형화를 통해 알게 된 개념이 도식(schema)이다. 이러한 도식은 또 다른 동화와 조절을 통해 평형화 되는 과정을 거치게 되고 점점 더 복잡한 조직을 이루게 된다. 이렇게 사고가 변화되고 발달되어 가는 과정을 인지발달이라고 한다. 유아는 동화, 조절, 평형화를 이루면서 인지발달을 이루게 된다. 이러한 지적 발달에 대하여 피아제는 유아가 지속적인 경험을 통해 새롭게 경험되어지는 것에 대한 정보를 조직하고 재조직하는 과정이라고 하였다.

- 도식(schema) : 선지식, 기존에 존재하는 이해의 틀, 심리적 구조의 틀, 정신적 틀
- 동화(assimilation) : 환경적 자극이나 새로운 정보를 자신이 가지고 있는 도식(선지식)을 이용하여 정보를 해석하고 구성하려는 것
- 조절(accomodation) : 기존 도식이나 도식의 구조를 수정하는 것
- 평형화(equilibration) : 동화와 조절 과정 후 새로운 인지구조가 안정적으로 생성된 상태

2) 인지발달 단계

유아의 발달은 시기에 따라 변화하는데 피아제는 사고는 단계에 따라 그 모습을 달리하여 일어나며, 지적 발달에 대하여 두 가지 성숙단계를 거쳐 발달된다고 하였다. 첫 번째 단계는 출생부터 약 2세까지로 이때의 지능을 감각운동적 지능이라고 보았고, 두 번째 단계는 2세 이후의 지능으로 개념적 지능이라고 하였다. 이 단계는 일반적으로 아동의 연령에 의해 결정된다고 하였다. 피아제가 제시한 세부적인 인지발달의 단계는 감각운동기(sensori motor stage), 전조작기(preoperational stage), 구체적 조작기(concrete operational stage), 형식적 조작기(formal operational stage)의 4단계이며, 이와 관련된 개념은 다음과 같다.

(1) 감각운동기(sensorimotor period, 0~2세)

감각운동기는 출생에서 2세까지로 감각을 통한 경험에 기초를 둔다. 이 단계는 주로 감각과 환경의 연계를 통해 이루어진다. 우리는 시각, 청각 등을 활용하여 외부 환경에 대해 인지한다. 감각운동기의 영아도 시각, 청각, 촉각 등을 이용하는데 특히 영아는 빨기를 통해 외부 자극을 인식한다. 영아의 눈이 물체를 따라가는 모습을 보이며 실제 몸을 움직여 물체를 따라가기도 하고 모방 행동을 통해 지적능력을 형성한다. 이 시기의 인지발달에 중요한 개념은 시각적 추적과 물체의 영속성이다.

피아제는 영아의 시각적 추적을 정신적 측면의 반응으로 보았다. 영아가 물체의 움직임을 보고 눈으로 물체를 따라가게 되는데 이러한 시각적 움직임은 물체의 영속성의 개념과 연관이 있다. 물체의 영속성은 눈에 보이지 않는 물체나 대상의 그림을 간직하고 표상할 수 있는 것이다. 그렇기 때문에 18개월 이후의 영아는 손으로 잡으려는 인형을 이불 밑에 숨기거나 상자로 덮어놓으면 이불이나 상자를 들추어내어 인형을 찾아 낼 수 있다. 이를 대상연속성이라고 한다.

(2) 전조작기(pre control period, 2~7세)

전조작기에 들어선 유아는 사고의 질이 변화된다. 유아의 이미지 저장 능력은 엄청나게 발달하고 단어를 이해하고 사용하는 어휘력도 증진된다. 만 2세 유아는 약 200개의 단어를 이해하게 되며 만 5세가 되면 약 2,000개의 단어를 이해할 수 있게 된다. 간단한 문장으로 이야기하던 유아는 연령이 증가함에 따라 복합적인 문장을 말하게 되며 정확도도 높아진다. 언어적 측면뿐 아니라 사고에 있어 물활론, 인공론, 전환적 추론과 같은 특징을 나타낸다. 첫째, 전조작기 단계의 유아는 무생물도 살아있다고 생각하여 생명과 감정을 부여하는 물활론(animism)적 사고를 하게 된다. 둘째, 세상 모든 사물과 자연현상이 사람의 필요에 의해 만들어졌다는 인공론(artificialism)적 사고, 셋째, 어떠한 두 사건이 동시에 일어나거나 비슷한 시기에 발생하면 관련성이 없어도 인과관계가 있다고 생각하는 전환적 추론(transductive inference)이 생겨난다.

이 시기 인지발달에 중요한 개념은 자기 중심성이다. 전조작기 시기의 유아는 단어 증가와 같이 다양한 개념을 형성하게 되며 사고의 폭이 넓어지게 된다. 그러나 유아가 가진 많은 도식들이 아직 상위개념과 하위개념으로 나누어지지 않은 상태이다. 또한 유아는 논리적이기보다 자기중심적 사고를 하게 된다. 예를 들어 그릇의 모양에 따라 물의 양이 변한다고 판단하는 것은 기존에 같은 양의 물을 보여주었음에도 불구하고 물의 높이나 물을 담은 그릇의 크기로 판단하는 모습을 보여준다. 따라서 이 시기의 유아에게 문제해결력이 발달하도록 도울 필요가 있다.

(3) 구체적 조작 시기(concrete operational period, 7~12세)

구체적 조작 시기의 아동은 비논리적 사고에서 논리적 사고로 전환되고, 타인의 관점에서 사물을 보는 능력이 발달된다. 전조작기 시기에 알지 못했던 보존개념이 형성되어 그릇의 모양이 변해도 그 안에 담긴 내용물에는 변화가 없다는 것을 알게 된다. 또한 전조작기 시기에 비논리적으로 바라본 것에 대해 논리적으로 이해할 수 있게 된다. 자기중심적 사고에서 벗어남으로 인해 구체적 조작기의 아동은 문제상황에 있어 자기중심적인 결론을 내리기보다 상대방의 관점이나 과거 유사한 문제해결 경험을 토대로 문제를 해결하려는 귀납적 사고가 가능하게 된다.

(4) 형식적 조작 시기(formal operations stage, 11~16세)

형식적 조작기는 청소년기에 속하며 형식적 형태의 사고가 발달한다. 이 시기는 논리적이고 추상적 사고가 가능하기 때문에 자신이 경험하지 못한 사건에 대해서도 가설을 세우고 논리적인 사고를 통해 대안을 마련있다. 또한 문제 상황에 직면했을 때 다양한 해결책을 가지고 토론하고 근거를 제시하여 검증할 수 있게 된다.

3) 교육적 시사점

피아제의 이론을 통해 다음과 같은 교육적 시사점을 제시한다.

(1) 지적 발달은 환경과의 상호작용을 통해 이루어진다.

감각운동기 영아는 자신을 둘러싼 환경에 관심을 갖고 반응한다. 이러한 반응은 감각자극을 통해 일어나고 인지발달의 기초가 된다. 유아를 둘러싸고 있는 모든 환경이 유아에게 영향을 주는 것은 아니지만 유아가 적극적으로 환경과 상호작용하면 동화와 조절을 통해 평형화를 이루는 과정을 경험하게 되고 이를 통해 지속적으로 인지발달이 이루어진다.

(2) 자신의 인지구조에 적합한 활동을 한다.

사람은 개인차를 가지고 태어나며 이후 경험한 것에 의해 도식의 차이를 보일 수 있다. 영아는 다양한 사물을 입으로 가져가기도 하고 두드리기도 하는 과정에서 대상을 인식하거나 환경에 적응하고자 하는 목적 행동을 한다. 목적 행동이 쌓여 선지식이 되고 선지식들이 개인의 인지발달 차이를 가져온다. 유아는 개인이 가지는 도식의 수준에 따라 사물을 인식하고 지속적인 동화, 조절, 평형화를 통해 새로운 도식을 만들어 내게 된다. 이러한 과정에서 유아는 스스로 자신에게 맞는 개별활동을 통해 인지발달을 촉진시킨다.

(3) 유아의 사고는 일련의 단계를 따라 발달한다.

뇌의 힘은 태어났을 때 고정된 것이 아니라 어떤 특정한 시기의 적절한 활동에 의해 발달한다. 피아제에 따르면 감각운동기, 전조작기, 구체적 조작기와 형식적 조작기를 거치면서 각 연령에 따라 발달한다. 각 단계에 따른 큰 틀 안에서 어떠한 경험을 하였는가는 각 단계를 더욱 구체화시키고 사고를 발달시키는데 도움이 된다.

2 비고츠키

비고츠키(Vygotsky, 1895~1934)는 어린 시절 어머니의 영향으로 학문학지에 평론을 발표하며 재능을 보였다. 그는 모스크바 국립대학교에서 법학을 공부하여 변호사로서 러시아에서 차별대우를 받는 유대인의 입장을 대변하고자 하기도 하였다. 1917년 러시아에서 10월 혁명이 일어나자 그는 고향 고벨에서 학생들을 가르치고 심리학을 연구하였으며 이후 1924년, 모스크바로 이주하여 임상심리학을 연구하면서 모스크바 실험 심리 연구소에서 많은 연구를 해 나갔다. 그는 10여년 정도의 연구 활동 기간 동안 발달심리학 분야를 연구하였으며 이로 인해 교육심리학자로의 이름이 알려지게 되었다. 그러나 비고스키는 자신의 이론이 인정을 받기도 전에 안타깝게도 지병인 결핵을 이기지 못하고 1934년 37세로 생을 마쳤다. 그의 사회문화이론은 1953년 스탈린이 사망하기까지 출판이 금지되어 주목을 받지 못했다가 1960년대 「사고와 말」이라는 책이 주목을 받기 시작하면서 사회문화적 인지발달에 대한 업적을 남겼다.

1) 사고발달 과정

(1) 사회적 상호작용(social interaction)

비고스키 이론에 의하면 사회적으로나 역사적으로 누적된 지식이 사회적 상호작용을 거쳐 유아에게 내면화됨에 따라 인지발달이 이루어진다. 유아는 타인과의 관계에서 영향을 받고 성장하는 사회적 존재이고 사고발달은 사회학습의 결과이다. 유아는 자신보다 성숙한 교사나 또래와의 상호작용을 통해 사고발달이 이루어지는데 유아가 속한 문화에 적합한 인지과정 속에서 이루어진다. 비고츠키는 유아의 인지발달을 사회적 상호작용으로 보기 때문에, 모든 유아가 같은 인지발달을 경험하기보다 유아 발달의 결정적인 역할은 유아가 속한 문화라고 하였다.

(2) 사적언어(private language)

인간의 사고발달은 특정한 사회에서 공유되고 축적된 도구를 매개로 이루어지는데 대표적인 것이 언어이다. 유아가 성인과 대화를 하는 가운데 유아는 성인이 사용하는 언어를 모방하면서 점차 독자적으로 자신의 사고를 적절한 언어로 표현하는 과정을 거친다. 이는 유아의 발달이 사회적 상호작용 과정에서 타인을 모방하고 내면화하면서 발달하기 때문이다.

비고츠키에 따르면 언어발달은 사고발달에 가장 중요한 변인이다. 비고츠키는 유아의 자기중심적 언어의 사용이 단순하게 생각을 표현하는 것이 아니라, 사고의 도구라고 생각하였다. 독립적으로 발생하기 시작한 사고와 언어는 일정한 시간이 지난 후 서로 연합되고, 이러한 연합은 유아가 발달해가는 과정에서 변화하고 성장한다. 이 때 비고츠키는 사적 언어라는 단어를 사용하여 유아의 사고가 사적 언어와 사회적 언어에 의해 영향을 받아 발달이 이루어진다고 하였다.

사적 언어란 유아가 자신과 대화하는 것으로 소리나는 말로부터 시작하여 속삭여지는 언어로 그리고 입술만 움직임으로 변화하여 내부로 사라지는 것이다. 사적언어는 문제해결뿐 아니라 행동 조절을 도와 사고발달에 중요한 역할을 하게 된다. 비고츠키는 언어에 대하여 원시적 언어단계(0~2세)에서 사회적 언어단계(2~4세), 자기중심적 언어단계(4~7세)를 거쳐 내적 언어단계(7세 이상)로 제시하였다.

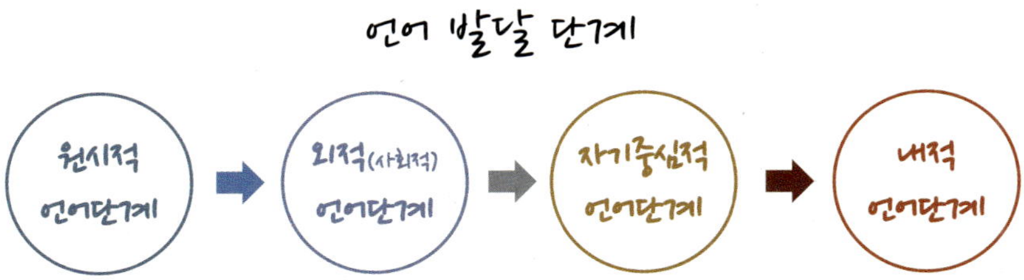

- 원시적 언어단계는 언어와 사고발달이 모두 미약한 상태로 사고 이전의 단계이다.
- 사회적 언어단계는 언어와 사고가 점차 결합이 되기 시작하면서 유아가 언어를 통해 자신의 생각을 반영하고 사회적 언어를 사용하게 되면서 언어의 상징적 기능을 이해하게 되고 언어적 사고가 발달하게 된다.
- 자기중심적 언어단계는 자신의 사고과정을 중얼거리듯이 혼잣말로 표현하고 독백의 형태를 보이지만 언어와 사고가 본격적으로 결합하는 과정이다. 타인과 의사소통을 할 때 외적언어뿐 아니라 자기중심적 언어도 사용하며 내적언어의 기초가 되기도 한다.
- 내적 언어단계는 표상 과정 없이 머릿속으로 언어를 구상하고 사고가 언어화

되는 단계로 사고의 도구로서 외적, 내적 언어를 모두 사용하게 되는 단계이다.

(3) 근접발달영역(Zone of Proximal Development: ZPD)

개인의 인지능력으로는 해결할 수 없지만 유능한 타인의 도움을 받아 문제를 해결할 수 있다고 보는 근접발달영역 개념은 인지발달과 사회의 관계적 측면을 강조하고 있다. 유아가 성인과의 상호작용에서 사용하는 수준과 유아 혼자서 할 수 있는 수준 사이에는 간격이 있는데, 이것이 바로 근접발달영역이다. 즉, 근접발달영역(ZPD)는 성인 및 또래 간의 협력과 같은 도움을 받아 수행할 수 있는 잠재적 능력과 유아 혼자서 독립적으로 문제를 해결할 수 있는 현재의 능력 간의 차이 간격이다. 근접발달영역(ZPD)에서 교육적 지원이 이루어질 때 교육 효과가 크게 일어난다.

따라서 비고츠키는 유아가 독립적으로 성공적인 수행을 할 수 없으나 성인의 조절과 지도를 직접 받아서 성취가 가능한 영역 내에서 일어날 때 가장 효과적인 학습이 일어나는 시기라고 보았다(Vygotsky, 1978). 유아가 독립적으로 문제를 해결하는 실제적 발달수준은 이미 발달이 완성된 것이며 성인의 안내를 통한 잠재적 발달수준은 현재 발달이 진행 중이며 곧 내면화 과정을 거쳐 독립적으로 처리할 수 있게 되는 능력이다. 실제적 발달수준과 잠재적 발달수준 사이의 근접발달영역(ZPD)은 유아의 사고발달에 있어 매우 중요한 시사점이 되고 있다.

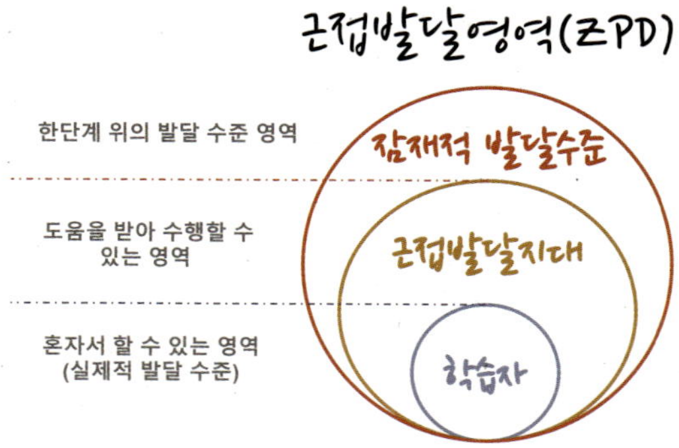

(4) 비계(Scaffolding)

비계설정은 근접발달영역 내에서 유아에게 적절한 도움을 주는 것을 의미한다. 유아가 주어진 과제를 잘 수행할 수 있도록 교사나 유능한 또래가 도움을 제공하는 것이다. 사전적 의미의 비계는 건축현장에서 1층과 2층을 연결하는 발판을 의미한다. 비계는 유아의 지식수준에서 시작한다. 교사는 지지대 역할을 하다가 건축이 완료되면 지지대인 비계를 제거하는 것처럼 유아를 도와주는 비계를 서서히 줄여나간다. 이때 교사가 설정하는 비계는 직접 가르치다가 손짓이나 눈으로, 언어적 지시를 하다가 점차 도움을 줄여나간다. 즉, 비계설정인 발판을 적절하게 구성하고 촉진하기 위해서는 대화가 중요하고 상호작용이 이루어지는 것이 바람직하다. 보다 능력 있는 협력자가 상대방의 능력에 따라 도움을 조절하면서 새로운 능력을 구축하게 하는 비계설정 방법으로는 단서제공(hint), 시범 보이기(modeling), 설명하기, 질문하기, 격려하기, 주의 집중시키기 등이 있다. 이러한 과정은 유아의 사고발달을 증진시키는데 도움이 될 수 있다.

2) 사고발달 단계

(1) 비조직적 사고단계

어떠한 사물을 확실한 근거 없이 자신의 생각대로, 주관적 정보에 따라 사물을 명명한다. 이 때 시행착오 단계, 지각적 단계, 재구성 단계를 거치게 된다.

(2) 복합적 사고단계

유아는 객관적 사고의 시작, 사물들 사이의 관계를 생각할 수 있게 되면서 눈앞의 사물을 복잡하게 조합할 줄 알게 된다. 또한 주관적 인상뿐아니라 객관적 관계를 인식하면서 자기중심 언어와 사고에서 벗어나 객관적 사고를 하게 된다.

(3) 개념적 사고단계

아동은 좀 더 복잡하게 생각하고 개념적 사고를 시작한다. 복합적 사고에서 찾아볼 수 있는 모으기와 나누기 기능, 추상적 요소를 지각하고 현상을 분석하거나 통합하는 기능 등으로 사물을 종합하고 분석하고 사고한다.

3) 교육적 시사점

비고스키의 이론을 통해 다음과 같은 교육적 시사점을 제시한다.

(1) 상호작용을 통해 사고발달이 이루어질 수 있다.

비고스키의 사회 인지발달은 보다 높은 수준의 사고를 가진 또래와 협동 과제를 함으로써 서로의 의견을 교환하고 새로운 사실을 알아가는 과정, 또래 간의 다양한 상호작용을 통해 사고 발달이 증진될 수 있다.

(2) 근접발달영역(ZPD)을 활용한 상호작용이 중요하다.

유아가 스스로 할 수는 없지만 근접발달지대에서 유아에게 도움을 주면 주어진 과제를 할 수 있으므로 유아 스스로 자발적으로 과제를 완수할 수 있도록 지원할 필요가 있다. 또한 과제를 수행하였을 때에는 유아에게 보다 어려운 과제를 수행할 수 있는 환경을 제공하여 도움을 주면서 과제를 완성할 수 있도록 한다.

3 듀이

듀이(Dewey, 1859~1952)는 철학, 사회학, 교육학 등 다양한 분야에서 커다란 영향을 주었던 진보주의 교육사상가이다. 실용주의를 강조한 그는 경험을 중시하였다. 실용주의란 경험과 변화만을 유일한 실제로 보고 지식의 사회적 유용성을 가치의 기준으로 삼는 철학사상이다. 실용주의는 세상의 모든 것은 변화하고 있으므로 절대불변의 보편적인 실재는 존재하지 않는다고 주장한다. 대표적인 저서인 『나의 교육학적 신조』와 『민주주의와 교육』에서 그는 생활 중심 교육, 경험 중심 교육을 강조하고 있다. 인간은 경험에 의해 세계를 파악하므로 인간이 아는 세계는 있는 그대로의 세계라기보다는 우리의 경험을 통해 인식된 것이다. 듀이는 유아가 일상생활 속에서 스스로 체험을 통해 지식을 구성해 나가며 삶은 계속적인 경험의 재구성이라고 보았다. 이러한 경험의 재구성은 상호작용, 변화, 계속성의 원리를 통해 이루어진다고 하였다.

1) 지식축적 원리

듀이는 유아의 발달을 도모하는 유아 중심 교육을 목표로 삼았다. 유아의 지식축적은 유아 개인의 내적 활동과 요구에 기초한 교육이 되어야 한다. 또한 유아가 수행하는 모든 활동은 유아의 흥미를 중심으로 이루어져야 한다. 이러한 흥미는 유아의 직접적이고 경험적인 측면에서 의사소통에 대한 흥미, 사물을 탐구하고 발견하려는 흥미, 예술적 표현에 대한 흥미 등 유아를 둘러싼 다양한 요소의 경험이어야 한다. 다양한 경험은 유아의 생활 속에서 지속적으로 일어나야 하며 경험 후에는 경험의 재구성을 통해 지식이 축적될 수 있다. 지식축적의 원리를 기초로 듀이는 유아의 경험 중심 교육과정을 강조하였고 일상생활과 사회생활을 바탕으로 하는 문제해결 중심 학습을 제시하였다.

(1) 가치 있는 경험의 제공

듀이는 유아의 경험을 통해 지식을 획득할 수 있다고 주장하였다. 지속적이고 가치있는 경험을 제공하는 것은 유아가 다양한 지식을 쌓아가는 과정이다. 이러한 경험이 축적됨으로 인해 유아에게 지식이 쌓이면 유아는 과거의 경험을 통해 배우고 선경험이 현재와 연결되어 미래에 할 경험에도 영향을 미치게 된다. 따라서 가치있는 경험은 미래의 유아에게 가치있는 경험으로 영향을 미친다.

(2) 경험을 통한 성장

유아에게 지속적인 경험이 계속될 때 가치있는 지식이 축적될 수 있다. 유아가 바람직한 경험을 할 수 있도록 교육적 경험을 제공하는 것은 지식 축적의 기초이다. 이러한 지식 축적은 반성적 사고를 통해 가치 있는 지식으로 만들어진다. 이 과정에서 듀이가 제시하는 실용주의에서의 가치있는 지식은 현실 적합성, 실생활에서의 적용 여부에 따라 가치있는 경험으로 분류된다.

2) 지식축적 방법

(1) 반성적 사고 지원

경험은 유아와 사물, 유아와 환경과의 접촉으로 인해 만들어지고 지식은 유아와 환경과의 접촉 과정에서 유아가 가지는 반성적 사고를 통해 얻어진다. 유아는 반성적인 사고를 통해 지식을 획득하게 되며, 획득된 지식은 선경험과 결합되어 새로운 사고를 만들어낸다. 이렇게 경험을 통해 획득된 지식이 기존의 경험과 결합되어 가는 것이 '경험의 개조'이며, 성장이다.

(2) 문제해결을 위한 반성적 사고

듀이는 반성적 사고에 대하여 문제해결의 심리적 과정이라고 하였다. 사람이 하는 행동은 어떤 목적 혹은 목표를 세워놓고 그것을 추구하는 과정이다. 목표를 향해 나아가는 과정에서 방해를 받는 상황을 문제 상황이라고 하고, 문제 상황을 해결을 위하여 가설을 검토하여 목적을 실현하려는 사고의 전개를 반성적 사고라고 한다. 반성적 사고과정에서는 주어진 상황적 조건을 헤아릴 필요가 있다. 이에 듀이는 유아의 반성적 사고를 촉진하는 수업 방안으로 문제 해결법을 제안하였다. 듀이가 제시한 문제해결을 위한 반성적 사고의 5단계는 다음과 같다.

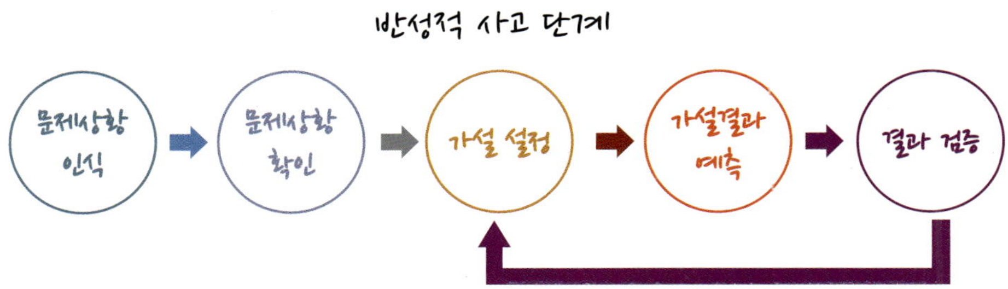

- 문제상황 인식 단계
  문제 상황 인식의 단계에서는 혼란을 야기시키는 상황을 인식하고, 일차적 경험 수준에서 발생한 문제에 대한 탐구를 시작하는 단계이다.

- 문제 확인 단계
  문제 확인의 단계에서는 주어진 상황을 문제로 감지하고, 내포된 조건들이 무엇인지를 파악하고 체계적으로 분석하여 문제의 정확한 성격을 규명하고 정의하는 단계이다. 문제가 무엇인가를 확인하는 순간을 정점으로 하여 해결의 실마리를 풀 수 있다.

- 가설의 설정 단계
  가설 발상의 단계는 문제를 해결하기 위한 방안으로, 반성적 사고의 가장 중심적인 역할을 한다. 문제의 해결을 위한 가설은 법칙이나 진리가 아니므로 다양한 생각이 나타날 수 있다. 가설은 무엇을 관찰해야 하는가를 보여주고 사실적 자료를 수집하는 지침을 제공할 수 있다.

- 가설 결과에 대한 예측 단계
  가설 결과를 예측하는 추리의 단계는 앞서 제시한 가정이나 아이디어를 더욱 정교하게 다듬을 수 있도록 한다. 여러 가지의 가설을 하나씩 검토하고, 가장 타당성이 높다고 여겨지는 것을 다음 단계의 검증에 가져가기 위한 작업이다.

- 가설에 대한 결과 검증 단계
  가설 검증의 단계는 관찰이나 실험을 통하여 가설을 법칙이나 지식으로 확정하는 최종적 결정 과정이다.

3) 교육적 시사점

듀이의 이론을 통해 다음과 같은 교육적 시사점을 제시한다.

(1) 의미있는 경험을 통한 지식확장을 이룰 수 있다.

이론적으로 배운 것을 삶의 현장에서 사용하지 못하면 그것은 가치있는 지식이 아니다. 가치 있는 지식이란 유아의 삶 속에서 활용 가능한 것이어야 하며 다양한 상황에서 적용할 수 있는 것이어야 한다. 유아가 직접 경험을 통해 획득한 지식은 유아의 삶 속에서 적용가능한 것이다. 경험을 통한 학습을 이루기 위해서는 지속적인 경험이 유지되어야 하며 그 경험은 유아를 성장시킬 수 있는 의미있는 경험이어야 한다.

(2) 지속적인 반성적 사고를 통해 지식을 형성할 수 있다.

다양한 경험 속에서 유아는 경험을 다시 상기하고 경험에 대한 과정을 이해하고 그에 대한 결과를 도출할 수 있다. 이 과정이 반성적 사고이다. 반성적 사고는 경험의 재구성이고 지속적인 경험은 꾸준한 반성적 사고를 유도한다. 이 과정에서 유아는 지식을 형성하게 된다.

4 유아의 사고발달을 위한 교사 역할

1) 피아제 이론을 활용한 교사의 역할

(1) 활동적 학습

유아의 학습은 다양한 환경에서 활동이 구성되어야 한다. 유아가 경험하는 환경과 활동을 통한 관찰은 물리적 지식과 논리적 지식을 발달시킨다. 유아는 다양한 방식으로 물리적 세계와 상호작용하고 시행착오를 통해 지식의 재구성을 이룰 수 있다. 이를 위해 교사는 다양한 견학·경험 및 교재교구를 제시하여 유아가 활동에 관심을 갖고 참여할 수 있도록 기회를 제공할 필요가 있다.

(2) 갈등상황 제공

유아가 인지적 불균형을 느낄 수 있는 갈등상황을 제공할 필요가 있다. 인지발달은 인지적 불균형의 해소를 위한 동화와 조절, 평형화의 과정을 거친다. 이를 위하여 일시적 균형 상태에 있는 유아의 수준보다 조금 더 복잡한 상황을 경험하게 함으로써 보다 높은 수준의 학습을 지원할 수 있는 것이다. 또한, 전조작기에서 구체적 조작기로의 발달에서 중요한 계기는 자기 중심성에서 탈피하면서 모순을 인식하게 되는 과정으로 유아에게 자기 중심성에서 벗어날 수 있는 상황을 제시하는 것도 필요하다.

2) 비고츠키 이론을 활용한 교사의 역할

(1) 모델링

교사가 문제를 해결하는 방법이나 교재교구를 활용하는 방법을 시범으로 보여주는 것이다. 문제를 제대로 이해하고 해결한 유아는 이를 또래에게 설명해주거나 직접 교재교구를 활용하는 방법을 알려주도록 함으로써 다른 유아가 모델링할 수 있도록 지원한다.

(2) 협동학습

또래 유아는 협동학습을 통해 서로 다르게 이해하고 있는 부분에 대하여 서로 이해하는 과정을 거칠 수 있다. 이를 통해 문제상황에 대해 상대방의 관점과 자신의 관점에 대한 차이를 알 수 있다. 교사는 유아가 함께 문제해결을 할 수 있는 기회를 마련하고 문제해결을 위한 방안을 찾아낼 수 있도록 도울 수 있다.

(3) 근접발달지대 확인

유아가 문제상황이나 과제에 대하여 설명하거나 표현하는 과정을 통해 유아의 근접발달지대를 확인하고 이에 맞게 유아의 활동 수준을 조절하여 제시할 수 있다. 이는 유아에게 제시되는 과제가 도전적인 수준이 될 수 있도록 구성함으로써 유아가 지식을 획득할 수 있도록 지원할 수 있다. 근접발달영역 내의 학습이 일어나는 단계는 다음과 같이 나타낼 수 있다.

- 1단계 : 타인의 도움을 받거나 모방하는 단계
  - 과제에 대한 책임감을 갖고 상호작용을 통해 이해하고 수행하는 과정
- 2단계 : 유아 스스로 과제를 수행하는 단계
  - 유아 수준 내에서 자기 주도성을 시도하는 단계

- 3단계 : 지식을 내면화하고 자동화하는 단계
  - 타인의 도움 없이 무의식적 자기 주도적 학습이 일어나는 단계
- 4단계 : 탈자동화
  - 새로운 능력 발달을 위한 근접발달영역 순환과정

(3) 비계설정

교사는 유아가 문제상황에 대한 해결 과정에서 어려움을 보일 경우 언어적인 측면의 질문과 힌트, 피드백 등을 제공할 수 있다. 이를 통해 유아는 스스로 문제를 해결해 나아갈 수 있다. 비계설정에서 언어를 매개로 교육하는 방법은 다음과 같다.

- 낮은 단계 거리두기 : 관찰 묘사 명명
  "이것은 무슨 색이지?" "이것은 무엇으로 만들었니?" "이 새는 날카로운 발톱을 가지고 있구나"
- 중간 단계 거리두기 : 비교, 분류, 분석
  "어떤 것이 더 크지?" "이 둘은 원 모양이고 저 둘은 삼각형 모양이구나"
  "종이가 물에 가라앉지 않는 이유와 돌이 물에 가라앉은 이유는 무엇이니?"
- 높은 단계 거리두기 : 추리 추론
  "여기에 이것을 넣으면 어떻게 될까?" "왜 이것 다음에 꽃을 놓아야 할까?"

3) 듀이 이론을 활용한 교사의 역할

(1) 지속적인 경험 제공

경험의 지속적인 재구성을 통해 교육이 이루어져야 한다. 끊임없는 경험을 재구성은 목적이 있는 경험이고 그 경험은 탐구와 실험을 통한 문제해결 과정을 거칠 수 있도록 지원해주어야 한다. 이러한 과정을 통해 학습이 일어날 수 있다.

(2) 문제해결을 지원할 수 있는 상호작용

유아를 둘러싼 환경은 유아에게 여러 경험을 하게 하고 그 속에서 다양한 상호작용이 이루어지도록 이끈다. 이러한 상호작용은 유아와 환경과의 상호작용을 지원할 수 있도록 지원하는 것이며 교사가 유아를 이끌어가기보다 유아가 주도적으로 이끌어 가는 과정에서 교사가 상호작용을 통해 문제해결 과정을 지원해줄 수 있는 환경을 의미한다. 유아가 문제상황에 직면하였을 때 교사는 유아가 어떠한 방식으로 문제를 해결하는지 지켜보고 유아가 도움을 요청할때 함께 상호작용을 하는 과정에서 문제 해결의 실마리를 찾을 수 있다. 따라서 유아가 문제상황에 대해 스스로 문제를 인식하고 다른 상황과의 유사점과 차이점을 인식할 수 있도록 지원하는 것, 분석하는 것을 도울 수 있다.

(3) 반성적 사고

반성적 사고는 유아가 경험한 활동에 대한 분석적인 과정이다. 유아는 반성적 사고를 통해 미래 방향을 결정할 수 있으므로 교사는 유아가 지속적으로 문제상황에서 반성적 사고를 할 수 있도록 지원할 필요가 있다. 반성적 사고의 과정은 문제인식, 다른 상황과 비교, 문제에 대한 재정의, 해결책 시도, 결과 검토의 과정을 거칠 수 있다. 유아가 분석된 다양한 상황에 대하여 문제를 다시 재정의 하거나 여러 해결책이나 방안을 마련하려는 시도를 적극 격려하고 그에 따른 결과를 교사가 함께 검토해주는 과정을 지원할 수 있다.

자기주도학습<4-1>

1. 피아제의 인지발달 과정의 도식·동화 조절·평형화에 대해 정리해보세요.

2. 비고츠키의 ZPD와 비계에 대해 정리해보세요.

3. 피아제, 비고츠키, 듀이의 이론을 활용한 교사역할의 차이를 정리해보세요.

수업자료〈4-1〉

01 피아제의 인지발달과정에서 동물에 대한 예시 외에 자신이 경험했던 예시를 생각해보고 적어보세요.

02 유아 사고관련 이론 영상(피아제의 인지발달이론, 비고츠키 발판화, 5분 사탐-지식은 도구다)

03 비고츠키는 사회적 상호 작용을 강조하였습니다. 자신 있게 스케폴딩을 잘 해주었다고 생각되는 교사나 유능한 또래가 누가 있었는지 생각해보고 적어보세요.

04 듀이의 반성적 사고를 해보세요.

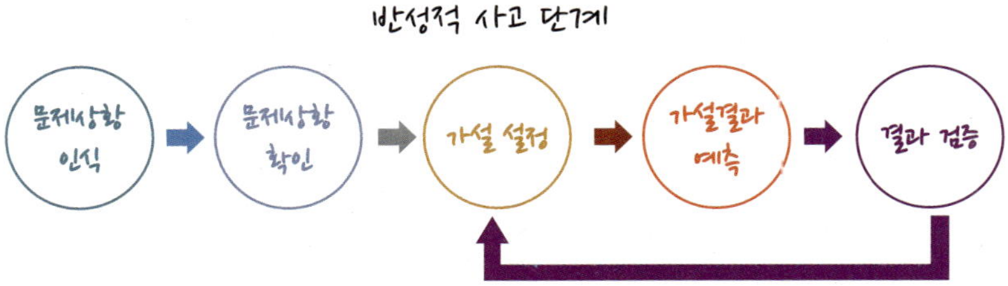

*겨울 방학에 하고자 했으나 못한 것이 있는지 생각해 보세요.

*이번 여름 방학을 어떻게 보낼지에 대한 지난 방학을 떠올리면서 다시 계획해 보세요.

유아 논리 및 논술

CHAPTER 05

논술

본 장에서는 논리적 사고와 연관하여 논술에 대해 알아보고자 한다. 논리적인 사고력은 창의적인 사고력, 통합적인 사고력, 언어표현능력 등 논술에 필요한 여러 요소들 중에 하나이다. 논술에 대한 내용을 기초로 논리적 말하기와 논리적 글쓰기의 내용에 대해 살펴봄으로써 교육에 적용할 수 있는 부분을 찾아볼 수 있다.

목표

- 논술의 개념에 대해 안다.
- 논리적 말하기의 개념과 단계에 대해 안다
- 논리적 글쓰기의 개념과 단계에 대해 안다.

1 논술의 이해

1) 논술의 개념

논술(論述)의 사전적 의미를 살펴보면, 논술이란 '어떤 것에 관하여 의견을 논리적으로 서술함 또는 그런 서술'이라고 정의하고 있다. 이러한 정의를 놓고 볼 때 논술은 논리적으로 서술하는 것임을 알 수 있다. 그렇다면 서술이란 무엇일까? 서술(敍述)은 사건이나 생각 따위를 차례대로 말하거나 적는 것을 의미한다(표준국어대사전, 2022).

논술은 어떤 주제나 문제에 대하여 논리적인 근거를 들어 자신의 의견이나 주장을 서술하는 것이다. 즉, 말이나 글로써 어떤 문제에 대하여 자신의 의견을 제시하고 그 타당성을 논리적으로 증명하여 청자나 독자가 그 의견을 믿게 하는 것이다. 여기에서 '말이나 글'은 논술의 수단, '자신의 의견'은 논술의 대상, '타당성을 논리적으로 증명하는 것'은 논술의 과정, '청자나 독자가 그 의견을 믿게 하는 것'은 논술의 목적이라고 할 수 있다(나은숙 외, 2020). 이러한 내용을 정리해보면 논술은 어떤 주제나 문제에 대해 자신의 의견을 내세운 후 여러 가지 근거를 제시하여 자신의 의견이 옳음을 증명하는 말하기·글쓰기라고 할 수 있다.

논술은 논증과 서술을 합친 개념으로, 논술의 주된 기능은 논증과 설득이다. 즉, 어떤 주제나 문제에 대해 자신의 의견이 타당한지 논리적으로 증명하는 것이 논술의 과정이며, 그 의견을 청자나 독자가 믿도록 설득하는 것은 논술의 목적이 되는 것이다. 이렇듯 논술은 어떤 주제나 문제에 대해 말하거나 글쓰는 사람의 논리적인 사고를 바탕으로 논증의 과정을 거친 체계적인 말과 글이다.

논술이 어떤 주제나 문제에 대해 자신의 의견이나 주장을 내세우고 합리적인 근거를 제시하여 청자나 독자를 설득하는 말과 글이므로, 이러한 논술을 하기 위해서는 무엇보다도 논리적 사고와 종합적 사고가 필요하다. 첫째, 논리적 사고는 문제를 인식하고 그 해결 방법을 논리적인 절차에 따라 생각하는 것이다. 이러한 논리적 사고는 논술에서의 객관성을 유지하는 데 있어서 큰 역할을 한다. 둘째, 종합적 사고는 단순히 여러 가지를 모아 놓은 것이 아니라 서로 결합하여 새로운 것을 만드는 과정이다. 즉, 종합적 사고는 어떤 주제나 문제와 관련된 여러 가지 사항들을 상호 관계 속에서 파악함으로써 합리적인 사고에 이르는 것을 의미한다.

논술을 잘하기 위해서는 일반적으로 다음과 같은 사항이 전제되어야 한다(탁희성 외, 2021). 첫째, 문제를 발견하고 인식해야 한다. 어떤 상황에 대해 통찰력 있게 바라볼 필요가 있다. 둘째, 문제 상황에 대한 논리적 판단으로 그 문제를 해결해야 한다. 문제를 해결하기 위해서는 문제를 분석하고 조직화하여 해결 가능성을 모색해야 한다. 셋째, 문제 해결에서 더 나아가 종합적이고 합리적인 사고를 해야 한다. 문제의 전체적인 상황을 살피고 종합적으로 사고하여 합당한 결론을 도출하는 능력을 갖추어야 한다.

2) 논술의 특성

논술은 어떤 주제나 문제에 대해 자신의 의견이나 주장을 선택하고 나름대로 올바른 해결 방안을 제시하는 것으로, 논술을 하려면 주제에 대한 풍부한 배경지식과 독창적인 대안을 마련할 수 있는 창의력이 있어야 한다(최훈, 2015). 이런 지식과 능력을 바탕으로 자신의 의견이나 주장에 대한 근거를 논리적으로 서술함으로써 청자나 독자를 설득하는 것이 논술이다. 이러한 김승희(2018)는 논술의 특성으로 문제 발견, 문제 해결, 비판적 사고, 글쓰기와 말하기를 제시하였는데, 그 내용을 살펴보면 다음과 같다.

첫째, 문제 발견이다. 문제 발견은 문제를 찾아내기 위한 사고·행동·태도를 의미한다. 이러한 문제 발견은 문제 해결의 출발점으로, 문제를 해결하려면 우선 해결해야 할 문제를 정확하게 찾아내야 한다. 같은 상황이나 사건이더라도 사람마다 느끼고 반응하는 것이 다를 수 있는데, 그것은 문제의식의 차이에서 비롯한다고 볼 수 있다. 문제의식은 상황이나 사건을 이해하고 분석하는 능력에 의해 길러지며, 상황을 세심하게 관찰하고 여러 가지 측면에서 이해하고 파악하여 통찰하는 능력이 있어야 한다. 통찰력이 있어야 문제의식을 느끼고, 문제의식을 느껴야 문제를 발견할 수 있다.

둘째, 문제 해결이다. 문제 해결은 어떠한 문제 상황을 합리적으로 해결하는 것을 의미한다. 이러한 문제 해결은 문제를 파악하고, 해결 방안을 모색하고 선정하여 수행한 후 평가하는 과정을 거치게 된다.

셋째, 비판적 사고이다. 비판적 사고는 문제를 해결하기 위해 관련 정보를 효과적으로 찾아서 이용하고 새로운 결론을 이끌어내는 사고과정으로, 어떤 주제나 주장을 객관적으로 분석하고 평가하는 것이다. 이러한 비판적 사고가 없으면 문제를 발견하고 여러 가지 측면에서 검토한 후 합리적인 해결 방안을 제시하기가 어렵다.

넷째, 글쓰기와 말하기이다. 글쓰기와 말하기는 생각이나 사실 등을 글과 말로 표현하는 것이다. 글쓰기는 말하기보다 고등정신기능을 더 많이 요구하며, 글쓰기를 하는 동안 생각이 질서있게 다듬어지고 정교해지게 된다. 논술은 논리적 말하기, 논리적 글쓰기이므로 말하기와 글쓰기가 논리적으로 전개되어야 한다.

3) 논술의 중요성

우리는 사회구성원으로서 많은 사람들과의 관계 속에서 여러 가지 문제를 경험하며 살아가고 있다. 따라서 그러한 상황에서 생기는 다양한 문제(주제)에 관심을 가지고 해결하기 위해 노력해야 한다. 그렇게 하기 위해서는 다양한 문제를 해결하기 위해 필요한 분석력, 문제해결력, 비판력 등과 같은 고등정신기능이 발달해야 한다. 그러한 능력을 길러주기 위해 논술은 필수적이라고 볼 수 있으며,

논술은 사회구성원들 간의 의사소통 능력과 우리가 직면한 다양한 문제를 해결할 수 있는 능력을 향상시킨다.

의사소통 능력은 두 사람 이상 간에 서로 타인의 생각을 정확하게 이해하고 자신의 생각이나 느낌을 타인에게 적절하게 표현하여 전달하는 능력이다. 타인의 생각을 듣지 않고 자신의 생각만 표현하다면 의사소통이 될 수 없다. 또한 타인의 생각은 주의 깊게 듣고 이해하지만, 그에 대한 자신의 생각이나 느낌 등의 의견을 대상과 상황에 적절한 단어와 문장으로 표현하지 못한다면 그 또한 의사소통이 원만하게 이루어질 수 없다. 논술은 자신의 의견이나 주장이 옳다는 것을 입증함으로써 타인을 설득하는 데 초점을 두기 때문에 의사소통 능력과 관련 있다고 볼 수 있다. 따라서 논술을 할 때는 항상 상대방인 청자와 독자를 생각해야 하며, 자신과 다른 의견이나 주장을 가진 사람들도 고려할 필요가 있다. 즉, 자신의 의견이나 주장과는 다른 의견을 가진 사람들도 공감할 수 있도록 객관적이고 타당한 근거가 충분히 제시되어야 한다.

문제해결능력은 문제 상황에서 논리적이고 창의적으로 문제를 해결하는 능력이다. 문제를 해결하는 동안 논리적 사고, 창의적 사고, 비판적 사고 등 다양한 사고의 발달을 촉진한다. 논술은 문제를 발견하고 해결하는 과정이기 때문에 문제해결능력 향상에 많은 도움을 줄 것이다.

2 논리적 말하기

1) 논리적 말하기의 개념

말하기는 자신의 생각이나 감정과 자신이 알고 있는 정보 등을 소리라는 상징을 사용하여 다른 사람에게 체계적이며 효과적으로 표현하는 과정이다(이차숙, 2005). 또한 말하기는 듣기와 함께 음성언어이며, 자신의 생각이나 감정 등을 표현하는 표현언어이다. 말하는 사람은 자신이 말하는 의도가 정보를 공유하기 위한 것인지, 상대방과 관계를 형성하기 위한 것인지, 감정을 공유하기 위한 것인지, 상대방을 설득하기 위한 것인지를 먼저 파악해야 한다. 그리고 이러한 목적에 따라 말하기의 내용과 방법을 정해야 한다.

논리적 말하기는 논리적 사고에 기초한 말하기이며, 상황적 맥락을 이해하고 객관적 사실과 합리적인 근거에 기초하여 자신의 의견이나 주장을 표현하는 것이다. 논리적 말하기를 통해 성공적인 대인관계를 형성하거나 효과적인 자기주장으로 상대방을 설득하고자 할 때 고려해야 할 사항을 살펴보면 다음과 같다(박찬옥 외, 2020).

- 상황에 적절하게 자신이 전달하고자 하는 내용을 언어적·비언어적으로 표현한다.
- 상대방을 설득하기 위한 말하기를 위해서는 상대방의 요구를 파악하고 자신의 요구를 간결하고 정확하게 말한다.
- 상대방과 긍정적인 관계를 형성하고 유지하기 위한 말하기 상황에서는 상대방을 배려하고 존중하는 말을 한다.
- 다양한 상황에서의 말하기 경험은 말하기에 대한 자신감을 키워준다. 긴장하지 않고 말하기 위해서는 자신의 감정을 조절하고 말하는 연습을 한다.
- 명확한 의사소통을 위하여 자신의 사고를 조절하고 대화 내용을 평가한다.

2) 논리적 말하기의 중요성

우리는 일상생활을 하면서 많은 사람들과 자신의 생각이나 감정을 나누며 살아가고 있다. 그러나 생각나는 대로 느끼는 대로 말한다면 어떻게 될까? 이때 자신의 생각과 느낌을 어떤 목적을 가지고 어떻게 말하느냐에 따라 관계 형성, 의사소통, 설득의 여부가 달라질 수 있다.

말하기의 중요성은 개인적인 측면과 집단적인 측면, 그리고 관계지향과 사실 중심으로 나누어 살펴볼 수 있다(여은호, 박경우, 2009). 첫째, 개인적 측면과 집단적 측면에서 살펴보면, 개인적 측면에서의 말하기는 타인과 구별되는 자신만의 개성을 표현하는 수단이며, 집단적 측면에서의 말하기는 사회구성원들과의 상호 이해와 합의를 이끌어낸다는 측면에서 중요하다고 볼 수 있다. 둘째, 관계지향과 사실 중심 측면에서 살펴보면, 관계지향의 말하기는 일상생활을 하며 주변 사람과 하는 대화를 의미하며, 사실 중심의 말하기는 집단에서 발표, 토론 등의 상황에서 객관적인 사실을 말하거나 주장하는 것을 의미한다. 관계지향의 일상적 말하기는 효과적인 자기표현을 통해 주변 사람들과 친밀한 관계를 형성할 수 있다는 측면에서 중요하다고 볼 수 있으며, 사실 중심의 토론에서는 자신의 생각이나 의견을 효과적으로 전달하여 상대방을 이해시키거나 설득할 수 있고, 발표를 할 때는 자신의 의견과 주장을 논리적으로 표현하여 목적을 효과적으로 달성할 수 있다.

이러한 관점에서 논리적 말하기의 중요성을 개인적 측면과 집단적 측면으로 나누어 살펴보면 다음과 같다(박찬옥 외, 2020). 개인적 측면에서의 중요성을 살펴보면, 첫째, 타인과 구별되는 자신만의 개성을 표현할 수 있다. 둘째, 타인의 요구를 고려한 말하기를 통해 친밀한 관계를 형성하고 유지할 수 있다. 셋째, 타인과의 갈등 상황에서 문제를 원만하게 해결할 수 있다. 집단적 측면에서의 중요성을 살펴보면 첫째, 말하고자 하는 내용을 잘 조직하고 설명하여 타인을 이해시킬 수 있다. 둘째, 명료한 자기주장으로 자신이 원하는 목적을 달성할 수 있다. 셋째, 간결하고 명료한 보고와 설명으로 업무를 효과적으로 수행할 수 있다. 넷째, 논리적 사고에 근거한 말하기는 합리적인 문제 해결에 도움이 된다.

유아교사는 유아교육기관에서 하루 일과를 보내면서 유아, 부모, 동료들과 관계를 형성하고 있다. 이들과의 관계 형성에서 유아교사의 논리적 말하기는 효과적인 학급운영과 교사 역할 수행뿐만 아니라 교사의 효능감 발달 측면에서 중요하다고 볼 수 있다.

말 잘하는 방법

첫째, '스피치 대본' 만들기이다. '생각 정리를 잘하면 말하기와 글쓰기를 동시에 잡을 수 있다' 스피치 대본의 목적은 '말하기'지만 만드는 과정은 '글쓰기'이다. 즉, 대본을 기획하는 과정에서 논리를 구성하는 힘이 생기고, 내용을 작성하면서 문장력이 강화된다. 대본을 소리 내어 표현하는 과정에서 말하기 능력이 향상된다. 따라서 '진짜로 말을 잘하려면' 스피치 대본을 제대로 만드는 방법을 알아야 한다. 스피치 대본은 '글쓰기' 형태가 아니라 '논리구조'가 보이는 형태로 작성해야 한다. '논리구조' 형태의 대본은 한 페이지로 볼 수 있으며 내용이 쉽게 이해되고 오랫동안 기억된다는 특징이 있다.
둘째, '스피치 대본' 분석하기이다. 말을 잘하고 싶다면 말을 잘하는 사람들을 교과서 삼아야 한다. 그것이 가장 빠른 지름길이다. 평소 좋아하던 스피치 연사를 선정해서 내용을 녹취하고 분석해 보자. 거기에서 멈추지 말고, 보이지 않는 생각의 논리와 패턴을 가져와 나만의 스치피 대본으로 만들어보자. 여러 가지 스피치 패턴을 섞으면 나만의 스피치 스타일이 만들어진다.

출처: 복주환(2018).

3) 논리적 말하기의 단계

논리적 말하기는 주제나 문제의 초점을 파악하고 이와 관련된 정보를 수집하여 분석하며 비판적으로 사고하여 말하는 것이다. 논리적 말하기는 계획하기, 말하기, 평가하기의 세 단계로 이루어진다고 제시하였는데, 그 내용을 살펴보면 다음과 같다(박찬옥 외, 2020).

(1) 계획하기

논리적으로 말하기 위해서 말하는 사람은 주제나 문제의 초점(핵심)과 목적이나 의도를 파악하고, 말하고자 하는 내용을 수집·분류해야 한다. 자료 수집은 말하고자 하는 목적이나 의도에 맞는 문헌 또는 경험 등을 모으는 것이다. 그리고 내용을 조직할 때는 유사한 내용끼리 묶거나 순서에 맞게 정리하도록 한다.

〈표 5-1〉 계획하기 단계의 내용

<table>
<tr><th>순서</th><th colspan="2">내용</th></tr>
<tr><td>주제(문제) 발견</td><td colspan="2">• 계획하기 단계에서 가장 먼저 해야 할 일
• 주제(문제)의 초점(핵심)을 파악하여 말하기의 주제를 결정
• 주제 선정 시 고려할 사항
– 어떤 목적을 가지고 말하려고 하는가?
– 내가 흥미로워하는 주제인가?
– 나는 말하고자 하는 주제에 대해 충분히 알고 있는가?
– 내가 말하고자 하는 주제에 대한 경험이 있는가?
– 효과적으로 주제를 전달할 수 있는가?
– 주어진 시간 안에 전달할 수 있는 주제인가?</td></tr>
<tr><td>주제(문제)의 명료화</td><td colspan="2">• 말하기를 통해 성취하고자 하는 것이 무엇인지를 구체화하고 말의 내용을 간결하게 조직하기</td></tr>
<tr><td>의견 · 주장의 근거 자료 수집 및 확인</td><td colspan="2">• 말하는 사람이 말을 통해 상대방을 이해 또는 설득시키기 위해서는 자신이 주장하고자 하는 주제에 대한 근거가 명확해야 함
• 말하는 사람은 주제와 관련된 이야기, 예시, 증언, 사실, 틍계 자료를 수집하여 자신의 의견이나 주장을 뒷받침할 수 있는 근거를 수집해야 함</td></tr>
<tr><td>의견 · 주장의 근거 자료 수집 및 확인</td><td colspan="2">• 근거자료(문헌, 통계 자료 등) 인용할 때 고려할 사항
– 내가 말하고자 하는 내용과 관련이 있는가?
– 최신 정보인가?
– 신뢰로운 자료인가?
– 객관적인 자료인가?
– 상대방이 관심을 가질만한 정보인가?</td></tr>
<tr><td rowspan="4">내용의 순서 배열</td><td colspan="2">• 주제의 하위 범주별로 논리적 전개를 하는 범주적 설계, 원인을 분석하고 결론을 제시하는 인과적 설계, 서론–본론–결론으로 제시하는 이야기 설계 방식 등이 있음</td></tr>
<tr><td>서론</td><td>말하기의 시작 부분으로 상대방이 집중할 수 있는 내용으로 말하기
– 흥미로운 이야기 또는 공감대 형성할 수 있는 이야기를 한다.
– 짧으면서 논점을 정확하게 제기하거나 주의집중시키는 말을 한다.
– 구체적인 예시 또는 일화로 시작한다.</td></tr>
<tr><td>본론</td><td>자신의 의견이나 주장과 관련된 사실, 통계 자료, 찬성 또는 반대 의견 제시
– 의견이나 주장을 정확하게 하기 위해서 말의 순서를 구조화한다.
– 타당한 논거를 제시하기도 하고 통계나 사례를 들어 의미를 해석하는 말을 한다.
– 발표 내용을 구성할 때 자신의 주장과 반대되는 의견에 대한 반박을 먼저하고 자신의 주장을 마지막에 할 수도 있고, 두 개의 대립되는 의견을 비교하면서 자신의 주장을 제시할 수도 있다.</td></tr>
<tr><td>결론</td><td>앞서 말한 내용을 간략하게 요약하고 자신의 주장 제시
– 앞서 말한 내용을 요약하여 말하고, 핵심적인 부분을 강조하여 말한다.
– 인용문을 사용하여 마무리할 수 있다.</td></tr>
</table>

출처: 박찬옥 외(2020) 재구성

(2) 말하기

말하는 사람은 말의 언어적 요소와 목적적 요소를 고려하여 말해야 한다. 말의 언어적 요소는 음성과 발음, 어휘와 문장이며, 말의 목적적 요소는 설명, 설득 등의 목적이다. 타인과의 의사소통은 언어적 요소 이외에 비언어적 요소로도 가능하며 이러한 비언어적 요소도 적절하게 활용하면 의사소통에 도움이 된다.

언어적 요소로 음성과 발음, 어휘와 문장의 특성에 대해 살펴보면 첫째, 효과적이며 논리적으로 말하기 위해서는 적절한 크기의 소리, 좋은 음색, 정확한 발음으로 말해야 한다. 특히 유아들과 이야기를 나눌 때는 유아들이 잘 이해할 수 있도록 발음을 정확하게 하고 소리도 너무 작거나 크지 않게 할 필요가 있다. 둘째, 주제에 대한 내용을 말할 때는 그와 관련된 적절한 단어를 사용할 수 있어야 한다. 이때 상대방이 누구인가(유아 또는 성인)에 따라 단어의 수준이 달라져야 한다. 그리고 자신의 의견을 정확하게 전달하기 위해서는 완성된 문장으로 말해야 한다.

어떤 목적을 가지고 말하느냐에 따라 말하는 내용이 달라질 수 있다. 말하기의 목적적 요소는 설명, 주장과 설득, 요청(부탁) 등으로 구분할 수 있다. 첫째, 설명은 어떤 상황이나 현상이 발생하게 되는 원인, 과정, 결과 등을 듣는 사람에게 정확하게 알려주거나 기초적인 개념정의 또는 의미를 전달하기 위해 말하는 것이다. 둘째, 주장은 자신이 옳다고 생각하는 내용을 말하여서 듣는 사람을 설득하는 것이다. 듣는 사람을 설득하기 위해서는 우선 자신이 주장하고자 하는 것이 무엇인지 정확하게 알아야 한다. 자신의 의견을 주장할 때는 증거가 되는 출처를 제시하여 논리적 근거를 밝히고 주장의 타당성을 제시할 수 있어야 한다. 셋째, 요청(부탁)은 말하는 사람의 필요나 이익을 충족시키기 위한 목적으로 말하는 것이며, 상대방에게 요청(부탁)할 때는 그 내용을 분명하게 파악하고 말해야 한다.

(3) 평가하기

평가하기는 말하는 사람이 대상과 주제에 적절한 어휘와 문장으로 말하고자 하는 내용을 효과적으로 전달하였는지 진단하는 것이다. 즉, 문법적으로 오류는 없었는지, 말하는 소리의 크기는 적절하며 발음은 분명하였는지, 주제에 적절한 어휘와 문장을 사용하였는지, 말하는 목적을 이루었는지를 평가하는 것이다. 평가 내용과 방법은 앞서 살펴보았던 언어적 요소와 목적 요소에 기초하여 할 수 있다.

3 논리적 글쓰기

1) 논리적 글쓰기의 개념

논리적 글쓰기는 논리적 사고에 기초한 글쓰기이며, 어떤 주제나 문제에 대한 자신의 의견이나 주장을 객관적이며 합리적인 근거를 바탕으로 논리적이고 체계적으로 글로 쓰는 것을 의미한다. 무엇보다도 논리적인 글쓰기를 하기 위해서는 자신의 의견이나 주장에 대한 근거를 논리적으로 제시함으로써 타당성과 설득력을 확보해야 한다. 또한 논리적인 글은 적합한 근거를 바탕으로 일관성 있는 주장을 해야 하며, 중복되는 부분이나 착오가 없어야 하고 전제와 결론 간에 비약이 없어야 한다.

일반적으로 논리적인 글의 특성을 살펴보면 다음과 같다(구연상, 2007; 박찬옥 외, 2020).

- 글의 주제가 분명하며 일관성 있다.
- 자신의 의견이나 주장을 뒷받침하는 근거(사실, 정보)나 예시가 타당하다.
- 사실에 근거하여 객관적인 내용을 서술한다.
- 정확한 어휘와 문장으로 글쓰기 규칙에 적합하게 서술되어 있다.
- 문장과 문장, 문단과 문단의 호응이 잘 맞고 유기적으로 연결되어 있다.

2) 논리적 글쓰기의 중요성

논리적인 사고능력은 논술을 잘하기 위한 충분조건은 아니지만 필요조건은 된다. 즉, 논리적인 사고능력이 있다고 해서 논술을 다 잘하는 것은 아니지만, 좋은 논술을 하기 위해서는 논리적인 사고능력이 꼭 필요하다는 것이다(최훈, 2015).

특히 어떤 주제에 대해 말하거나 문제를 해결하기 위한 과정에서 논리적으로 말을 잘하기 위해서는 우선 그 내용을 글로 작성해 볼 필요가 있다.

현대 사회는 정보화시대로 너무 많은 정보가 넘쳐나고 있다. 이렇게 많은 정보 중에 올바르고 정확하며 필요한 정보를 찾아내고 그러한 정보를 자신이 주장하는 의견의 근거로 하여 말을 하기 위해서는 반드시 글쓰기가 필요하다. 특히 사고력 향상을 위한 방법으로 글쓰기의 중요성이 강조되고 있다. 그러나 이러한 논리적 글쓰기 능력은 그냥 이루어지는 것이 아니라 연습이 필요하다. 따라서 유아기부터 그리고 예비교사 시기부터 논리적 글쓰기 능력을 기르기 위한 교육과 노력이 필요하다.

유아가 논리적으로 글쓰기를 하기 위해서는 발달적으로 우선 글을 쓸 준비가 되어야 한다. 그리고 아직 유아들은 어떤 주제나 문제 상황에 대해 자신의 의견을 명확하게 주장하고 그에 대한 합리적인 근거를 내세우는 것이 어렵기 때문에 그러한 과정에 기초가 될 단어 쓰기와 일기 쓰기와 같은 활동이 이루어질 필요가 있다. 논리적 글쓰기를 돕기 위한 활동을 살펴보면 다음과 같다(최국남, 박순이, 2001).

- 간판 이름과 같은 유아 주변 환경에서 쉽게 볼 수 있는 생활 단어 쓰기
- 그림 일기 쓰기
- 친구와 선생님에게 편지 쓰기
- 생일 축하 카드 쓰기
- 여러 자료 기록하기(오늘 날짜, 날씨 등)
- 글자 없는 그림책 보며 이야기 지어 쓰기
- 이야기 듣고 후속 이야기 지어 쓰기
- 관찰일지 쓰기

논리적 글쓰기 경험이 갖는 교육적 가치를 살펴보면, 첫째, 비판적이며 창의적이고 통합적인 사고 능력을 기를 수 있다. 둘째, 논리적 글쓰기를 하면서 수많은 정보를 비판적으로 읽고 분석하는 능력을 기를 수 있다. 셋째, 정확한 근거를 기초로 자신의 의견이나 주장을 논리적으로 주장하고 상대방을 설득시키는 의사소통 기술을 기를 수 있다.

3) 논리적 글쓰기의 단계

최훈(2015)은 논리적 글쓰기는 5단계를 거쳐 이루어져야 한다고 제시하였는데, 그 내용을 살펴보면 다음과 같다.

논리적 글쓰기의 단계

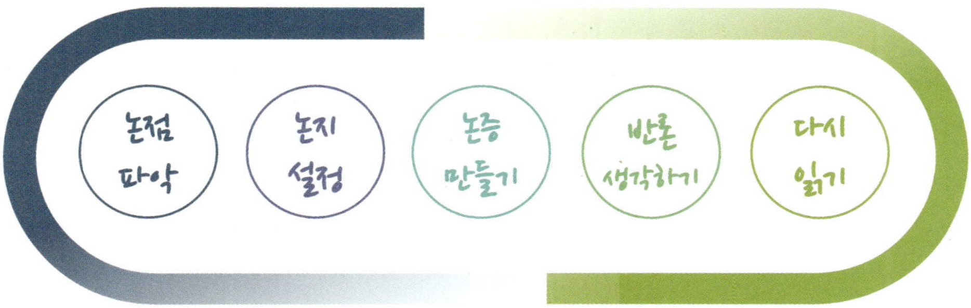

(1) 논점을 정확하게 파악한다.

현재 이슈가 되고 있는 것이 무엇인지, 무엇이 문제가 되고 있는지 정확하게 이해해야 한다. 이러한 논점을 정확하게 파악하지 못하고 글을 쓰게 되면 핵심은 이야기하지 못하는 엉뚱한 글이 된다.

(2) 논지를 설정한다.

논리적인 글쓰기의 목표는 상대방을 논리적으로 설득하는 것이다. 상대방을 논리적으로 설득하는 것은 자기 의견이나 주장에 대해서 적절한 근거를 제시함으로써 이루어진다. 따라서 논리적인 글쓰기란 논증을 잘 만드는 것이라고 할 수 있다. 논증은 주장(결론)과 근거로 이루어져 있으므로 논리적인 글쓰기의 요소도 주장과 근거이다. 여기에서 주장을 다른 말로 논지라고 할 수 있으며, 논지는 주장하는 말이나 글의 취지를 의미한다. 논지를 설정할 때 가장 주의할 점은 논지가 분명해야 한다는 것이다. 횡설수설해서는 안 되며, 여러 의미로 해석될 수 있거나 의미를 모르는 낱말들로 논지를 표현해서는 안 된다.

(3) 논증을 만든다.

논지를 설정했으면 그 논지를 지지하는 근거를 제시해야 한다. 그것이 곧 논증을 만드는 과정이다. 논증의 종류는 다양하다. 따라서 연역 논증을 할 것인지 귀납 논증을 할 것인지는 상황과 자신이 갖고 있는 증거의 성격에 따라 달라질 수 있다. 또한 각 논증은 모두 장단점이 있으므로 어떤 논증이 좋다고 단정할 수는 없다. 논증을 만들 때 주의할 점을 살펴보면 다음과 같다. 첫째, 독자가 누구인가에 따라 내용이 달라져야 한다. 글의 주제에 대해 잘 알지 못하는 사람들에게 쓰는 글이면 배경에 대한 설명이 충분히 있어야 하지만, 전문가들에게는 그런 설명이 필요하지 않고 논증을 자세히 해야 할 필요가 있다. 둘째, 다른 사람이 제시한 논증을 평가하는 것처럼 자신이 만든 논증의 근거들도 논증의 평가 기준을 만족하는지 살펴보아야 한다. 근거가 타당해야 하며, 논지(주장)와 관련있어야 한다.

(4) 반론을 생각한다.

논증을 만든 다음에는 자신의 논증에 대해 어떤 반론이 가능한지 생각해 보아야 한다. 근거를 제시했다고 하더라도 자신의 주장만 일방적으로 하는 것은 주관적이고 창의적이지 못한 논증이 될 수 있다. 자신의 논증에 대해 스스로 반론을 할 때 주의할 점이 있다. 가능한 반론들을 예측할 때 자신의 논증을 비판적인 자세로 검토하여 최대한 강한 반론을 생각해야 하며, 논점에서 벗어난 반론을 해서는 안 된다.

(5) 다시 한번 읽어본다.

글쓰기를 다 한 후에는 처음부터 끝까지 다시 읽어서 명료하지 않은 표현이 있는지 그리고 오류가 있는지 살펴보고 수정해야 한다.

자기주도학습〈5-1〉

1. 논술의 개념에 대해 정리해보세요.

2. 논리적 말하기의 개념에 대해 정리해보세요.

3. 논리적 말하기의 중요성에 대해 정리해보세요.

4. 논리적 글쓰기의 단계에 대해 정리해보세요.

수업자료〈5-1〉

01 자신 있게 말하기 〈자기 평가〉

다음은 말하기에 대한 자신감의 정도를 스스로 평가하기 위한 질문입니다. 아래 질문에 대해 '항상 그렇다'는 ④, '그런 편이다'는 ③, '그렇지 않는 편이다'는 ②, '전혀 그렇지 않다'는 ①에 표시하세요.

	평가항목	평가			
		①	②	③	④
1	사람들과 만났을 때 말의 주도권을 잡는 편이다.				
2	낯선 사람에게 말을 잘 붙인다.				
3	목소리가 크고 자신감에 차 있다.				
4	내가 말하는 중에 다른 사람이 끼어들면 양보한다.				
5	남이 말한 것을 거의 다 기억한다.				
6	사람이 많은 자리에서도 의견이 있으면 일어서서 말한다.				
7	회의나 여러 명이 의논할 때 내 의견을 분명히 말한다.				
8	내 주장을 관철시키기 위해 말할 때가 있다.				
9	윗사람에게 내 생각을 말할 자신이 있다.				
10	처음 만나는 이성에게도 말을 잘 붙일 수 있다.				

출처: 김재봉(2016)

02 정확하게 말하기 〈자기 평가〉

다음은 자신의 의견을 정확하게 전달하고 있는지에 대해 스스로 평가하기 위한 질문입니다. 아래 질문에 대해 '항상 그렇다'는 ④, '그런 편이다'는 ③, '그렇지 않는 편이다'는 ②, '전혀 그렇지 않다'는 ①에 표시하세요.

	평가항목	평가			
		①	②	③	④
1	내 발음에 문제가 있다고 생각한다.				
2	내 목소리에 불만을 느낀 적이 있다.				
3	다른 사람이 내 말을 듣고 다시 한 번 설명해 달라고 반문한 적이 있다.				
4	말을 잘 하지 못해서 듣는 사람과 다툰 적이 있다.				
5	내가 말할 때 다른 사람이 자주 끼어든다.				
6	"내가 왜 이런 말을 하지?"라고 후회한 적이 있다.				
7	대중 앞에서 말하는 것은 나와 무관하다고 생각한다.				
8	다른 사람을 설득해 본 적이 없다.				
9	할 말을 참지 못하고 즉각 말한다.				
10	사람을 만나면 할 이야기가 없다.				

출처: 김재봉(2016)

03 다음과 같은 상황에서 제시된 논증을 읽고 이에 대한 반론과 수정된 논증을 작성해보세요.

〈상황〉

큰 배가 바다에서 침몰하게 되었는데 준비된 구명보트에는 승객들이 모두 탈 수 없다. 이때 정원이 초과된 구명보트가 침몰하여 모두가 죽을 수 밖에 없을까, 아니면 그 중 일부 사람들을 구명보트 밖으로 뛰어내리게 해서 나머지 사람들이라도 살게 해야 할까?

〈논증〉

일부 사람들을 강제적이든 자발적이든 구명보트 밖으로 뛰어내리게 해서 나머지 사람들이라도 구하는 것이 도덕적으로 옳은 선택이다. 구명보트에 탄 사람 모두 죽는 것보다는 일부라도 사는 것이 옳은 선택 아닐까?

〈반론〉

〈수정된 논증〉

출처: 최훈(2015)

2부
실제편

유아 논리 및 논술

CHAPTER 01

놀이 상황에서의 논리적 사고 활동

배려하는 마음을 가져요

1. 관찰상황

○○가 △△에게 "뭐 하고 놀래?, 같이 블록놀이하자."라고 말한다. △△는 "나는 미술영역에서 놀고 싶어."라고 한다. ○○는 △△의 옷을 잡아당기며 "나는 블록 놀이하고 싶어."라고 말하고, △△를 블록 놀이 쪽으로 데려간다. △△는 "나는 블록 안 하고, 색종이 접기 할거야."라고 말하고 "선생님 나는 블록하기 싫은데 ○○가 자꾸 자기가 하고 싶은 거만 하자고 해요"라고 선생님에게 이야기 한다.

2. 활동유형 : 이야기 나누기

3. 활동 목표

- 다양한 시각으로 생각한다.
- 다른 사람의 생각과 느낌을 존중한다.
- 동화를 주의깊게 듣고, 내용을 이해한다.

4. 누리과정 관련요소

- 의사소통 〉 듣기와 말하기 〉 자신의 경험, 느낌, 생각을 말한다.
- 의사소통 〉 책과 이야기 즐기기 〉 책에 관심을 즐기고 상상하기를 즐긴다.
- 사회관계 〉 더불어 생활하기 〉 서로 다른 감정, 생각, 행동을 존중한다.

5. 활동 자료

『여우와 두루미』 동화자료, 그림자료(두루미가 음식을 먹지 못하는 장면, 여우가 음식을 먹지 못하는 장면)

6.활동방법

- 동화의 제목과 표지를 보고 내용을 상상해본다.
  - 표지에 무엇이 보이니?
  - 여우와 두루미의 표정이 어떤 것 같니?
  - 여우와 두루미는 어떤 자세를 하고 있니?
  - 여우와 두루미는 왜 팔짱을 끼고 등을 돌리고 앉아 있을까?
  - 너희들이 생각하는 내용이 동화에 나오는지 잘 들어보자.
- 『여우와 두루미』 동화를 듣는다.

줄거리

어느 날 여우가 두루미를 자신의 저녁 식사에 초대했다. 두루미는 들뜬 마음으로 저녁 시간이 되기만을 기다렸다. 두루미가 여우네 집을 방문하자, 여우는 반갑게 맞이하며 둥근 접시 두 개에 음식을 담아 내왔다. 그러나 부리가 긴 두루미는 둥근 접시의 음식을 먹을 수 없었다. 결국 두루미는 배가 고픈 채로 집에 돌아왔다. 며칠 후 이번에는 두루미가 여우를 식사에 초대했다. 여우 또한 두루미의 식사에 초대되어서 설레는 마음으로 여우의 집을 방문했다. 그런데 두루미는 호리병에 음식을 담아 내왔다. 주둥이가 짧아 호리병 속의 음식을 먹을 수가 없었던 여우는 냄새밖에 맡을 수 없었다.

- 문제 상황에 대해 이야기 나눈다.
  - 누가 자신의 집으로 먼저 초대했니?
  - 여우는 두루미에게 어떤 접시에 음식을 담아주었니?
  - 두루미는 왜 납작한 접시에 담긴 음식을 먹지 못했을까?
  - 두루미가 음식을 먹지 못할 때 여우는 어떻게 했니?
  - 두루미는 여우에게 어떤 접시에 음식을 담아주었니?
  - 왜 여우는 목이 긴 병에 담긴 음식을 먹지 못했을까?

동화 속 문제 해결에 대해 이야기 나눈다.

- (두루미가 음식을 먹지 못하는 장면 그림 자료 제시하며) 어떤 일이 있었니?
- 이때 두루미의 마음이 어땠을까?
- 너희들이 두루미라면 여우에게 어떻게 말하고 싶니?
- 여우는 두루미에게 왜 납작한 접시에 음식을 담아줬을까?
- 너희들이 여우라면 두루미가 먹기 힘들어하는 모습을 보았을 때 어떤 도움을 줄 수 있을까?
- 두루미에게 도구를 준다면 어떤 도구를 주면 좋을까?
- (여우가 음식을 먹지 못하는 장면 그림 자료) 어떤 일이 있었니?
- 이때 여우의 마음이 어땠을까?
- 두루미는 여우에게 음식을 왜 긴 병에 담아줬을까?
- 너희들이 두루미라면 여우가 먹기 힘들어하는 모습을 보았을 때 어떤 도움을 줄 수 있을까?
- 여우에게 도구를 준다면 어떤 도구를 주면 좋을까?
- 접시를 바꿔주거나 도구를 주는 것처럼 다른 사람을 이해하고 행동하는 것을 배려라고 해.

동화를 듣고 느낀 점을 이야기하고 평가한다.

- 동화를 들으니 어떤 생각이 들었니?
- 왜 그렇게 생각했니?
- 만약 친구와 함께 놀고 싶은데 서로 다른 놀이가 하고 싶다면 어떻게 하는 것이 좋을까?

내 물건도 친구의 물건도 모두 소중해요

1. 관찰 상황

○○가 모자를 쓰고 등원을 하였다. 그러나 자신의 모자가 사라진 것을 발견한 ○○는 주위를 둘러보았다. △△가 모자를 가방에 넣고 있는 것을 발견한 ○○는 △△에게 "그거 내 모자야"라고 말하자 △△가 "아니야."라고 말했다. ○○는 표정을 찡그리며 "내 모자 돌려줘."라고 말한다.

2. 활동 유형: 이야기 나누기

3. 활동 목표

- 동화를 듣고 내용을 이해한다.
- 동화의 결말을 추측해본다.
- 친구와의 갈등 상황을 긍정적인 방법으로 해결하는 방법에 관심을 가진다.

4. 누리과정 관련요소

- 의사소통 〉 듣기와 말하기 〉 자신의 경험, 느낌, 생각을 말한다.
- 의사소통 〉 책과 이야기 즐기기 〉 책에 관심을 가지고 상상하기를 즐긴다.
- 사회관계 〉 더불어 생활하기 〉 친구와의 갈등을 긍정적인 방법으로 해결한다.

5. 활동 자료

『이건 내 모자가 아니야』 동화자료, 모자 쓴 물고기 인형자료

6. 활동 방법

● 『이건 내 모자가 아니야』 동화의 표지 그림과 제목을 보고 상상해본다.

– 이 표지에 무엇이 보이니?
– 이 물고기가 너희들에게 해줄 이야기가 있대.
– 안녕, 난 물고기야. 오늘은 바닷속에서 나에게 일어나는 일을 이야기해 주려고 왔어.
– 나에게 무슨 일이 생겼을 것 같니?
– 나는 왜 모자를 쓰고 있을까?
– 왜 그렇게 생각했니?

● 『이건 내 모자가 아니야』 동화를 듣는다.

– 제목은 '이건 내 모자가 아니야'인데, 왜 내 모자가 아니라고 할까?
– 물고기에게 무슨 일이 생겼는지 잘 들어보자.

줄거리

작은 물고기가 큰 물고기의 모자를 몰래 가져갔다. 작은 물고기는 커다란 물고기가 잠들어 있기 때문에 모자가 없어진 줄도 모를 것이라고 생각했다. 작은 물고기는 물풀 속에 숨으러 헤엄쳐 갔다. 붉은 게가 작은 물고기의 모습을 보았으나 어디로 가는지 아무에게도 말하지 않겠다고 했기 때문에 작은 물고기는 하나도 걱정하지 않았다.

하지만 붉은 게가 큰 물고기에게 작은 물고기가 헤엄쳐 간 방향을 알려주었다. 작은 물고기는 모자를 가져가는 것이 나쁘다는 것을 알지만 자신에게 더 잘 어울리기 때문에 괜찮다고 스스로 말한다. 물풀 속에 들어간 작은 물고기는 자신을 아무도 찾지 못할 것이라고 생각했지만 뒤따라 온 큰 물고기도 물풀 속으로 들어간다. 물풀 밖으로 나온 큰 물고기의 머리에는 모자가 쓰여 있다.

● 『이건 내 모자가 아니야』 동화 내용을 회상하고, 관련 경험에 대해 이야기나눈다.

– 물고기들에게 무슨 일이 생겼니?
– 물풀 속 작은 물고기는 어떻게 되었을까?
– 작은 물고기는 모자를 어떻게 가지게 되었니?

- 작은 물고기의 행동을 보고 무슨 생각이 들었니?
- 작은 물고기처럼 친구의 물건을 가지고 싶었던 적이 있었니?

동화 속 문제해결에 대해 이야기나눈다.

- 너희가 큰 물고기라면 모자가 없어졌을 때 기분이 어떨 것 같니?
- 작은 물고기가 모자를 가져간 이유는 무엇일까?
- 만약 너희가 작은 물고기라면 큰 물고기의 모자가 갖고 싶을 때 어떻게 할 것 같니?
- 친구의 물건이 마음에 들 때 어떻게 하면 좋을까?
- 너희들이 말한 방법이 다 옳은 방법일까?
- 물건을 가지고 싶다고 해서 다 가질 수 있을까?
- 붉은 게는 어떻게 행동했니?
- 붉은 게가 한 행동에 대해 너희들은 어떻게 생각하니?
- 너희가 만약 붉은 게라면 어떻게 할 것 같니?

활동을 평가하고 마무리한다.

- (물고기 인형) 친구들, 내 이야기를 잘 들었니?
- 앞으로 내가 큰 물고기의 모자가 갖고 싶을 때 어떻게 하면 좋을까?
- 고마워. 앞으로 큰 물고기의 모자가 가지고 싶을 때는 너희들이 이야기한 것처럼 얘기해볼게. 다음에 또 만나. 안녕~
- 오늘 우리가 어떤 동화를 들었니?
- 친구의 물건을 갖고 싶을 때 ~행동을 하면 좋겠다고 했었는데 그 중 가장 좋은 방법은 무엇일까?
- 내 물건이 소중한 것처럼 친구의 물건도 소중하다는 것을 기억하자.

누가 일등일까?

1. 관찰상황

유아들이 게임(달리기)을 하고 있다 그때 ㅇㅇ가 다른 친구를 밀고 달려가 자신이 게임에서 이기려고 한다. "와 내가 이겼다"라고 ㅇㅇ가 이야기하자 다른 유아들은 게임에서 진 것에 속상해하며, 잘못된 방법으로 이긴 유아에게 "야 너 지금 나 밀고 이긴 거잖아. 이건 이긴 것이 아니지"라며 화를 낸다.

2. 활동유형: 이야기 나누기

3. 활동 목표

- 동화를 주의 깊게 듣고 내용을 이해한다.
- 자신의 생각을 논리적으로 이야기한다.
- 동화의 내용과 나의 경험을 관련지어 생각해 볼 수 있다.

4. 누리과정 관련요소

- 의사소통 〉 듣기와 말하기 〉 말이나 이야기를 관심 있게 듣는다.
- 의사소통 〉 듣기와 말하기 〉 자신의 경험, 느낌, 생각을 말한다.
- 의사소통 〉 책과 이야기 즐기기 〉 책에 관심을 가지고 상상하기를 즐긴다.

5. 활동 자료

『열두 띠 이야기』 동화 자료, 손인형(쥐), 동화 장면 그림자료(쥐, 소, 쥐가 소를 타고 있는 모습, 동물 12마리),

6. 활동 방법

손인형이 들려주는 이야기를 듣는다.

- 내가 고민이 있는데 들어줄래? 내가 동물 친구들과 달리기를 했는데 이기

고 싶은 마음에 옳지 못한 방법을 사용해서 이겼어. 그 이후로 동물 친구들이 속상해했지만, 나는 어떤 방법을 사용해서든 이기고 싶은 마음이 들어. 이런 상황에서 어떻게 하면 좋을지 내 이야기를 들어볼래?

– 쥐의 이야기가 담긴 열두 띠 이야기를 잘 들어보자.

『열두 띠 이야기』 동화를 듣는다.

줄거리

하늘나라 임금님이 음력 1월 1일에 하늘나라 문에 도착하는 동물 1등부터 12등을 뽑기로 한다. 동물들 중 쥐는 고양이에게 잘못된 날짜를 알려주고 1등을 할 것 같은 소의 등에 올라타 하늘나라 문에 1등으로 도착한다.

동화 내용을 회상하며 이야기 나눈다.

– 동물들이 왜 달리기를 했니?
– 하늘나라 임금님이 언제까지 도착하라고 했니?
– 쥐는 고양이에게는 언제까지 도착하라고 말했니?
– 쥐는 고양이에게 왜 그렇게 말했을까?

문제상황에 대해 이야기 나눈다.

– 어떤 동물이 하늘나라 문에 가장 먼저 도착했니?
– 쥐는 어떤 방법으로 하늘나라 문에 도착했니?
– 쥐는 왜 소의 등에 올라탔을까?
– 너희들은 12마리 동물 중 어떤 동물이 빠르다고 생각하니?
– 그 동물과 달리기를 해야 하는 쥐의 마음은 어땠을까?
– 쥐의 방법은 어떤 것 같니?
– 왜 그렇게 생각하니?

다양한 시각에서 이야기 나눈다.

– 소는 쥐에 대해 어떤 마음을 가질까?
– 너희들이 소라면 쥐에 대해 어떻게 생각할 것 같니?

– 쥐가 이기기 위해 사용한 방법이 옳은 걸까?

🌸 동화의 내용과 관련된 유아들의 경험에 대해 이야기 나눈다.

– 너희들도 옳지 않은 방법을 사용하는 것을 본 적이 있니?

– 그때 느낌이 어땠니?

🌸 문제의 해결 방법을 이야기 나눈다.

– 달리기를 할 때 쥐는 어떻게 해야 할까?

– 다 같이 달릴 때 어떻게 해야 할까?

– 왜 그 방법이 정직하다고 생각했니?

– 여러 생각 중 어떤 방법이 가장 정직하다고 생각하니?

🌸 활동을 회상하고 평가한다.

– 열두 띠 이야기를 듣고, 이야기를 나누어 보았는데 어땠니?

– 친구들과 게임을 할 때는 어떻게 해야 할까?

– 쥐에게 해주고 싶은 말이 있니?

우리 모두에게 가시가 있어요

1. 관찰상황

유아들이 쌓기 놀이 영역에서 레고로 팽이를 만든다. ㅇㅇ가 자신이 만든 팽이를 들고 교사에게 가서 "선생님 제 팽이 멋지죠."라고 말한다. 유아들이 자신의 팽이를 만들어 교사에게 보여주자 교사는 팽이 시합을 제안한다. ㅇㅇ와 ㅁㅁ이가 동시에 팽이를 돌린다. ㅇㅇ의 팽이가 벽에 부딪혀 멈추자 ㅁㅁ가 "내가 이겼다."라고 말한다. 그러자 ㅇㅇ가 "너 팽이 다 부숴버릴 거야."라고 말하며 ㅁㅁ의 팽이를 주먹으로 내려친다. ㅁㅁ가 교사에게 부서진 팽이를 가져와 "ㅇㅇ가 내 팽이를 다 부쉈어요."라고 말한 후 ㅇㅇ에게 "넌 이제 우리랑 팽이 시합 못 해."라고 말한다.

2. 활동유형: 이야기 나누기

3. 활동 목표

- 자신의 생각과 경험을 자유롭게 이야기한다.
- 자신의 생각을 논리적으로 말한다.
- 나의 감정을 알고 올바르게 표현한다.

4. 누리과정 관련요소

- 의사소통 〉 듣기와 말하기 〉 자신의 경험, 느낌, 생각을 말한다.
- 의사소통 〉 책과 이야기 즐기기 〉 책에 관심을 가지고 상상하기를 즐긴다.
- 사회관계 〉 나를 알고 존중하기 〉 나의 감정을 알고 상황에 맞게 표현한다.

5. 활동 자료

『가시소년』 동화 자료, 선인장 사진, 가시소년 그림 자료

6. 활동 방법

- 선인장에 대해 이야기 나눈다.
  - (선인장 사진을 보여주며) 이것은 무엇일까?
  - 선인장을 본 적이 있니?
  - 선인장을 만지면 어떨 것 같니?
  - 왜 그렇게 생각했니?

줄거리

가시소년은 모두에게 거칠게 소리치고, 상처가 되는 말로 울리고, 틈만 나면 화를 낸다. 친구들이 상처를 받는걸 알지만 가시를 곤두세우면 아무도 자신을 건드리지 않기 때문에 가장 크고 날카로운 가시를 가지고 싶어한다. 하지만 가시를 곤두세우면 자신과 말하려는 사람이 없어지고 혼자가 된다. 가시소년은 가시를 없애고 친구에게 다가가기로 한다.

- 동화를 듣고 회상한다.
  - 가시소년이 누구에게 가시를 날렸니?
  - 가시소년이 가시를 날렸더니 어떤 일이 벌어졌니?
  - 가시소년이 혼자 있고 싶지 않아서 어떤 행동을 했니?
  - 가시소년이 하고 싶었던 말은 무엇이었을까?
- 동화 속 문제 상황에 대해 이야기 나눈다.
  - 왜 가시소년은 가시를 가지게 되었을까?
  - 가시가 생겨서 가시소년에게 어떤 일이 생겼니?
  - 가시소년은 어떤 행동을 했니?
  - 가시를 가지고 있는 가시소년은 어떤 기분일 것 같니?
  - 가시소년 주변에 있던 친구들의 마음은 어땠을까?
- 자신의 가시는 무엇인지 이야기 나눈다.
  - 너희도 가시소년의 친구들과 비슷한 마음을 느껴본 적이 있니?

- 언제 그랬었니?
- 가시란 무엇일까?
- 나에게도 가시소년과 같은 가시가 있을까?
- 나의 가시에 찔린 사람은 누가 있을까?
- 내가 가시를 날렸을 때 나의 주변 사람들은 어떤 마음이 들었을까?

새로운 시각으로 문제 해결 방안을 생각한다.

- 만약 가시소년에게 가시가 없었더라면 친구들과 어떻게 지냈을까?
- 어떻게 해야 가시를 없앨 수 있을까?
- 가시가 완전히 없어야 좋을까?
- 왜 그렇게 생각했니?
- 가시를 내뱉고 싶을 때 어떻게 표현하면 좋을까?

활동을 평가하고 마무리한다.

- 가시소년의 이야기를 들어보니 어땠니?
- 가시소년에게 해주고 싶은 이야기가 있니?

집 나가자 꿀꿀꿀

1. 관찰상황

아침 등원 시간에 ○○가 표정이 어두운 채로 엄마에게 인사하지 않고 교실로 들어간다. 교사가 ○○어머니에게 무슨 일이 있었는지 묻자 “아침 밥을 잘 먹지도 않고, 장난감도 정리를 하지 않네요.” 그 뒤 교사가 교실로 돌아가 ○○에게 “무슨 일이 있니?”라고 묻는다. 그러자 ○○가 “몰라요! 아침에 엄마 말을 듣지 않는다고 혼났어요. 엄마가 미워서 집에 가고 싶지 않아요!”라고 한다.

2. 활동유형: 이야기 나누기

3. 활동 목표

- 가족을 소중히 여기는 마음을 가진다.
- 자신의 생각을 적절한 단어와 문장으로 조리 있게 말한다.
- 동화를 통해 문제를 인식하고 해결하는 과정에 관심을 가진다.

4. 누리과정 관련요소

- 의사소통 〉 듣기와 말하기 〉 자신의 경험, 느낌, 생각을 말한다.
- 의사소통 〉 책과 이야기 즐기기 〉 책에 관심을 가지고 상상하기를 즐긴다.
- 사회관계 〉 더불어 생활하기 〉 가족의 의미를 알고 화목하게 지낸다.

5. 활동 자료

『집 나가자 꿀꿀꿀』 동화 자료, 막내돼지 ‘양’ 막대인형, 동화 그림 자료

6. 활동 방법

- 동화의 표지 그림과 제목을 보고 어떤 이야기일지 상상해 본다.
  - 표지를 보니 어떤 것이 보이니?

- 돼지 삼형제의 표정이 어때 보이니?
- 돼지 삼형제에게 어떤 일이 생긴 것 같니?
- 왜 그렇게 생각했니?
- 돼지 삼형제에게 무슨 일이 일어날지 잘 들어보자.

동화를 듣는다.

줄거리

아기돼지 삼형제 '뿌, 톤, 양'은 서로 싸우고 반찬 투정하고 정리하지 않으며 놀이하여 엄마에게 혼난다. 화가 난 엄마 돼지는 아기돼지 삼형제에게 집을 나가라며 화를 낸다. 아기돼지들은 화를 내는 엄마와 이 집이 싫다며 다른 집 아이가 되자며 집을 나간다.

아기돼지 삼형제는 다른 동물 친구들 집을 돌아다니지만 다른 집에 적응하는 건 쉽지 않았고 엄마가 있는 집으로 돌아가고 싶어 했다. 때마침, 엄마돼지가 아기돼지 삼형제를 찾자 아기돼지 삼형제는 엄마의 품속으로 돌아간다.

동화 속 문제 상황에 대해 이야기 나눈다.

- (그림 자료를 보며) 무슨 장면인 것 같니?
- 왜 그렇게 생각했니?
- 엄마 돼지가 화를 내자 돼지 삼형제는 어떻게 했니?
- 돼지 삼형제가 집을 나갔을 때 엄마 돼지의 기분은 어땠을까?
- 집을 나간 돼지 삼형제가 순서대로 누구의 집으로 갔니?
- 돼지 삼형제는 토끼네 집에서 왜 나왔을까?
- 돼지 삼형제는 까마귀네 집에서 왜 나왔을까?
- 돼지 삼형제가 왜 다시 집에 돌아갔을까?
- 집으로 돌아간 돼지 삼형제는 어떤 기분이 들었을까?

- 동화 속 문제 해결에 대해 이야기 나눈다.
  - 돼지 엄마는 왜 돼지 삼형제에게 화가 났을까?
  - 돼지 삼형제는 어떻게 행동해야 할까?
  - 왜 그렇게 생각하니?
- 동화 속 문제와 자신의 경험을 연관하여 이야기 나누고 평가한다.
  - 너희들도 돼지 삼형제처럼 엄마를 화나게 한 적 있니?
  - 그때 엄마는 어떻게 행동하셨니?
  - 그때 너희는 기분이 어땠니?
  - 엄마를 화나지 않게 하기 위해서는 어떻게 해야 할까?

우리 반의 가장 좋은 선택 방법은 무엇일까요?

1. 관찰상황

○○와 몇 명의 유아들은 바깥 놀이를 하고 싶다고 하고, △△와 몇 명의 유아들은 교실에서 놀이하고 싶다고 한다.

○○: "나는 밖에서 놀고 싶어."

△△: "나는 더워서 교실에서 놀고 싶어."

○○: "밖에서 놀이하고 싶은 사람 여기 여기 붙어라."

○○는 자신에게 온 친구들의 수를 세어본다.

○○: "하나, 둘, ..., 열! 밖에 나가고 싶은 친구들이 더 많아. 밖에는 놀 것들이 더 많아."

△△: "그래도 나는 밖에 더워서 나가기 싫은데..."

2. 활동유형: 이야기 나누기

3. 활동 목표

- 자신의 생각을 논리적으로 이야기한다.
- 문제상황을 인식하고 적절한 방법을 찾는다.
- 다른 사람의 생각을 존중하는 태도를 가진다.

4. 누리과정 관련요소

- 의사소통 〉 듣기와 말하기 〉 상황에 적절한 단어를 사용하여 말한다.
- 의사소통 〉 듣기와 말하기 〉 자신의 경험, 느낌, 생각을 말한다.
- 의사소통 〉 책과 이야기 즐기기 〉 책에 관심을 가지고 상상하기를 즐긴다.
- 사회관계 〉 더불어 생활하기 〉 서로 다른 감정, 생각, 행동을 존중한다.

5. 활동 자료

『누가 고양이 목에 방울을 달아야 할까?』 동화 자료, 동화 그림 자료(고양이와 생쥐들, 생쥐들끼리 이야기하는 장면)

6. 활동 방법

- 동화의 표지를 보며 동화 내용을 상상해본다.
  - 무엇이 보이니?
  - 생쥐들에게 어떤 일이 일어날것 같니?
  - 생쥐들은 왜 손을 들고 있을까?
  - 어떤 내용인지 동화를 잘 들어보자.

- 동화를 듣는다.

줄거리

백마리 쥐가 사는 큰 마을과 오십 마리도 살지 않는 작은 마을에 고양이가 나타났다. 두 마을은 고양이를 어떻게 피할 수 있을지 생각한다. 그리고 쥐들은 만장일치로 고양이 목에 방울을 달기로 한다. 누가 고양이 목에 방울을 달아야 할지 선택한다. 불공평한 다수결 상황에서 작은 마을의 찍찍이가 방울을 건네받는다.

- 동화 내용을 회상한다.
  - 생쥐들에게 어떤 일이 있었니?
  - 작은 마을 쥐들은 통통이를 왜 추천했을까?
  - 큰 마을 쥐들은 찍찍이를 왜 추천했을까?
  - 둘 중에 방울을 달 쥐를 어떤 방법으로 정했니?

- 동화 속에 나오는 문제 상황에 대해 이야기 나눈다.
  - '다수결'이라는 말을 들어본 적이 있니?
  - 어떤 것을 결정할 때, 여러 생각이 나오겠지. 그 생각들 중에 많은 사람들이 원하는 것으로 결정하는 방법을 '다수결'이라고 해.
  - 고양이 목에 방울을 달 때, 사용한 다수결은 올바른 방법이었을까?
  - 왜 그렇게 생각하니?
  - 고양이 목에 방울을 달 때, 다수결 말고 다른 방법이 있을까?
  - 왜 그 방법을 생각했니?

- 찍찍이를 뽑을 때, 사용한 다수결은 올바른 방법이었을까?
- 왜 그렇게 생각하니?
- 너희들은 다수결을 언제 사용해 보았니?
- 그때 사용한 다수결은 좋은 방법이었니?
- 언제 다수결을 사용하면 좋을까?

문제 해결에 대해 이야기 나눈다.

- 다수결 말고 또 다른 방법이 있을까?
- 그 방법을 사용할 때 좋은 점은 무엇일까?
- 좋지 않은 점은 무엇일까?
- 그 방법은 언제 사용하면 좋을까?

동화를 듣고 느낀 점을 적용하고 평가한다.

- 동극을 하기 위해서 역할을 정할 때 가장 좋은 방법은 무엇일까?
- 왜 그렇게 생각하니?
- (이야기 나눈 가장 좋은 방법)을 우리 반의 규칙으로 하자.

사자와 생쥐

1. 관찰상황

ㅇㅇ와 △△는 자유놀이시간에 역할영역에서 놀이하고 있다. ㅇㅇ는 △△에게 “나보다 키도 작고 손도 작아서 너는 힘도 없잖아! 그러니까 키 큰 내가 아빠 할 거야.”라고 말한다. 그 말을 들은 △△는 “아니야, 나도 할 수 있어! 나도 힘세!”라고 말한다. ㅇㅇ는 “아빠는 무거운 것도 잘 들 수 있어야 하고 힘도 엄청 세야 해 너는 못하잖아”라 말한다. 그러자 △△는 “키가 작다고 다 못하는 건 아니야. 우리 아빠도 키 작은데 힘도 세고 무거운 것도 번쩍번쩍 들어.”라고 말한다.

2. 활동유형: 이야기 나누기

3. 활동 목표

- 동화 속 문제 상황을 인식한다.
- 자신의 생각과 경험을 적절한 단어와 문장으로 이야기한다.
- 다른 사람을 존중하는 태도를 가진다.

4. 누리과정 관련요소

- 의사소통 〉 듣기와 말하기 〉 말이나 이야기를 관심 있게 듣는다.
- 의사소통 〉 듣기와 말하기 〉 자신의 경험, 느낌, 생각을 말한다.
- 의사소통 〉 책과 이야기 즐기기 〉 책에 관심을 가지고 상상하기를 즐긴다.
- 사회관계 〉 더불어 생활하기 〉 서로 다른 감정, 생각, 행동을 존중한다.
- 사회관계 〉 더불어 생활하기 〉 친구와 서로 도우며 사이좋게 지낸다.

5. 활동 자료

『사자와 생쥐』 사자와 생쥐 사진 자료, 막대 동화 자료, 그림자료(사자가 그물에 걸린 그림)

6. 활동 방법

- 사자와 생쥐의 그림을 보고 이야기 나눈다.
  - 어떤 동물이니?
  - 너희들은 사자와 생쥐를 본 적이 있니?
  - 사자와 생쥐의 크기는 어떻니?
- 동화를 듣는다.

깊은 숲속에 아주 힘이 세고 용감한 사자가 있었다. 사자는 따뜻한 햇살을 받으며 낮잠을 자고 있는데, 생쥐가 신나게 노래를 부르며 그 길을 지나간다. 생쥐는 이리 폴짝 저리 폴짝 까불거리다가 그만 사자의 등을 밟았다. 잠에서 깨어난 사자는 매우 화가 나서 생쥐를 붙잡았다. 생쥐는 사자에게 용서해 달라고 빌고 사자는 생쥐를 놓아주었다. 며칠이 지나고 먹이를 찾아 숲속을 어슬렁어슬렁 돌아다니던 사자가 그만 사냥꾼이 쳐놓은 그물에 걸려버리고 말았다. 그때 멀리서 사자의 울음소리를 듣고 생쥐가 달려와서 사자를 구해주었다. 그 후로 사자와 생쥐는 숲속에서 둘도 없는 친구가 되었다.

- 동화 속 문제 상황에 대해 이야기 나눈다.
  - (사자가 그물에 걸린 사진을 보여주며) 사자에게 어떤 일이 있었니?
  - 그물에 잡힌 사자를 누가 구해주러 왔니?
  - 사자는 생쥐가 자신을 구할 수 있다고 생각했니?
  - 왜 자신을 구할 수 없다고 생각했을까?
- 동화 속 문제 해결에 대해 이야기 나눈다.
  - 사자는 도움을 주려는 생쥐에게 어떻게 말했니?
  - 그 말을 들은 생쥐는 기분이 어땠을까?
  - 생쥐는 왜 속상하고 기분이 안 좋았을까?
  - 생쥐가 사자를 구해준 방법은 무엇이었니?
  - 만약에 쥐가 그물에 걸렸다면 사자는 쥐를 구해줄 수 있었을까?

- 어떤 방법으로 쥐를 구해주었을 것 같니?

동화 관련 경험에 대해 이야기 나눈다.

- 키가 작으면 힘이 약할까?
- 키가 크면 힘이 셀까?
- "너는 키가 작아서 아빠 역할을 못 해."라고 말하면 친구의 기분이 어떨까?
- 친구의 기분이 나쁘지 않게 않으려면 어떻게 말할 수 있을까?

내용을 회상하고 평가한다.

- '사자와 생쥐'를 듣고 이야기해 봤는데 어땠니?
- 생쥐가 사자를 어떻게 구해주었니?
- 친구가 다른 친구를 놀리거나 무시하고 있다면 어떻게 해야 할까?

반이나 차 있을까? 반 밖에 없을까?

1. 관찰상황

간식시간에 나온 사과를 본 한 ○○가 "내가 좋아하는 사과다! 선생님 저는 사과 좋아해요. 맛도 있고 제가 좋아하는 빨간색이라서요!"라고 말한다. 이때 △△가 "아니야. 사과는 하얀색이야. 사과의 안은 하얀색이잖아!"라고 말하며 두 유아가 사과 색깔에 대해 서로의 의견을 이야기하며 갈등이 생겼다. "어쨌든 사과는 빨간색이야. 내 말이 맞아!" "아니? 사과는 하얀색이야. 네가 틀린거야!"

2. 활동유형: 이야기 나누기

3. 활동 목표

- 서로 다른 생각이 있음을 안다.
- 나의 생각과 다른 친구의 생각을 존중한다.
- 자신의 생각을 근거를 들어 논리적으로 말할 수 있다.

4. 누리과정 관련요소

- 의사소통 〉 듣기와 말하기 〉 자신의 경험, 느낌, 생각을 말한다.
- 의사소통 〉 책과 이야기 즐기기 〉 책에 관심을 가지고 상상하기를 즐긴다.
- 사회관계 〉 더불어 생활하기 〉 서로 다른 감정, 생각, 행동을 존중한다.

5. 활동 자료

『반이나 차 있을까? 반 밖에 없을까?』 동화 자료. 동화 그림 자료. 관점 차이 관련 그림 자료

6. 활동 방법

그림 자료를 보며 이야기 나눈다.

– 무엇이 보이니?

– 왜 그렇게 생각했어?
– 왼쪽 사람은 뭐라고 말했니?
– 오른쪽 사람은 뭐라고 말했니?
– 왜 서로 다른 숫자를 말했을까?
– 너희는 어떤 숫자로 보이니?
– 두 사람이 왜 하나의 숫자를 보고 다르게 생각했는지 동화를 보면서 생각해 보자.

동화의 제목과 표지 그림을 보며 이야기 나눈다.

– 어떤 이야기일 같니?
– 왜 그렇게 생각했니?
– 어떤 이야기인지 잘 들어보자.

동화 속 장면을 보며 이야기 나눈다.

(조용한 장소에서 과자를 먹는 그림)
– 그림 속 여자가 어디에 있니?
– 여자가 무엇을 하고 있니?
– 과자 _소리가 어디에서 더 크게 들릴까?
– 왜 그렇게 생각했니?
(크기가 다른 건물 그림)
– 어떤 것들이 보이니?
– 어떤 집이 가장 커 보이니?
– 왜 세 번째 집이 가장 크다고 생각했니?
– 왼쪽에 있는 사람은 두 번째 집이 어떻게 보일까?
– 오른쪽 집에 있는 사람은 두 번째 집이 어떻게 보일까?
– 왜 가운데 있는 집의 크기가 서로 다르게 보였을까?
– 어느 한 사람의 생각이 틀렸다고 말할 수 있을까?

- 동화 속 내용을 회상하며, 서로 다른 관점에 대해 이야기나눈다.
  - 어떤 그림들을 보았니?
  - 같은 과자 소리인데 왜 소리의 크기가 다르게 들렸을까?
  - 왜 이 집이 어떤 사람에게는 크고, 어떤 사람에게는 작게 느껴졌을까?
  - 너희도 같은 것을 보고, 친구와 서로 다른 생각을 가졌던 적이 있니?
  - 나와 생각이 다르다고 해서 그 생각은 틀린 걸까?
  - 친구가 나의 생각이 틀렸다고 말하면 기분이 어떻니?
  - 반대로 내가 친구의 생각이 틀렸다고 했을 때 친구의 기분은 어떨까?
  - 친구와 나의 생각이 다를 때 어떻게 하면 좋을까?

이 그늘은 누구의 그늘일까?

1. 관찰상황

자유 놀이 시간, ○○가 언어 영역으로 걸어간다. 언어 영역에서 그림책을 보던 △△는 ○○가 다가오자 책장 앞에 서서 두 팔을 양쪽으로 벌리고 "이거 다 내가 볼 책들이야. 다른 곳 가서 놀아."라고 말한다. 그러자 ○○는 △△의 팔을 잡아 내리며 "여기 있는 건 우리 다 같이 보는 거야."라고 말한다. 이에 △△는 "우리 반에서 내가 제일 책 좋아하고 많이 읽으니까 다 내 거야. 오늘 내가 다 읽을 거야."라고 말하며 책장의 책들을 하나씩 꺼내며 자신의 뒤로 숨긴다.

2. 활동유형: 이야기 나누기

3. 활동 목표

- 자신의 생각에 대한 이유를 적절한 단어와 문장으로 말한다.
- 나와 다른 생각에 관심을 가진다.

4. 누리과정 관련요소

- 의사소통 〉 듣기와 말하기 〉 자신의 경험, 느낌, 생각을 말한다.
- 의사소통 〉 책과 이야기 즐기기 〉 책에 관심을 가지고 상상하기를 즐긴다.
- 사회관계 〉 더불어 생활하기 〉 친구와의 갈등을 긍정적인 방법으로 해결한다.
- 사회관계 〉 더불어 생활하기 〉 서로 다른 감정, 생각, 행동을 존중한다

5. 활동 자료

『나무 그늘을 산 총각』 동화 자료, 동화 그림 자료

6. 활동 방법

- 동화 표지를 보며 동화내용을 예측해본다.
  - 표지에 어떤 것들이 보이니?
  - 어떤 이야기일까?
  - 왜 그렇게 생각하니?
  - 나무 그늘을 살 수 있다고 생각하니?
- 동화를 듣는다.

줄거리

마을에 있는 큰 나무의 그늘을 많은 사람이 쉬며 사용하고 있었는데 영감이 나타나서 이 나무는 자신의 것이니 이 그늘 또한 자신의 것이라며 마을 사람들이 그늘을 사용하지 못하게 한다. 이를 본 한 총각이 영감에서 돈을 주고 그늘을 산다. 해가 지고 뜨는 것에 따라 나무의 그늘이 영감의 집 안까지 들어가고 총각도 그늘을 따라 영감의 집을 드나들게 된다.

- 동화 내용을 회상하고 문제 상황을 이야기 나눈다.
  - 먼저 동화의 앞부분만 들어보았는데, 동화에 어떤 사람들이 나왔니?
  - 마을에 어떤 문제가 생겼니?
  - 영감은 왜 그렇게 말했을까?
  - 그렇게 이야기하는 영감에게 총각은 어떻게 했니?
  - 그늘은 누구의 것이라고 생각하니?
  - 왜 그렇게 생각하니?
  - 해가 저물고 그늘은 어떻게 되었지?
  - 그렇다면 그늘 속에 있는 영감의 집은 누구의 것일까?

- 동화 속 상황에 대한 자신의 경험과 의견을 이야기 나눈다.
  - 만약 동화 속 그늘이 내 그늘이라면 너희들은 총각에게 어떻게 할 것 같니?
  - 왜 그렇게 생각했니?
  - 그늘처럼 우리 유치원 안에 함께 쓰는 물건에는 무엇이 있을까?
  - 함께 쓰는 물건을 혼자서만 사용하고 싶어하면 어떨 것 같니?
  - 너희들도 그런 적이 있니?
  - 그때 어떻게 했니?
- 동화의 다음 이야기를 예측해본다.
  - 이제 총각과 영감에게 어떤 일이 생길 것 같니?
  - 총각은 어떻게 했을지 다음 이야기를 들어보자.
- 동화의 다음 이야기를 듣는다.

줄거리

그늘을 따라 안방까지 들어간 총각을 본 영감의 가족들은 얼른 총각에게 다시 돈을 주고 그늘을 사오라고 한다. 하지만 총각은 영감에게 그늘을 팔 생각이 전혀 없었고 만약 그늘을 사고 싶다면 백 냥을 내놓으라고 한다. 총각은 마을 사람들을 불러 영감의 집에 계속 드나들었고 결국 영감을 마을을 떠나고 만다. 영감이 떠난 마을의 그늘은 모두가 사용할 수 있는 공간이 되었다.

- 동화 속 문제해결방법을 평가해보고, 자신이 생각하는 문제해결방법을 이야기 나눈다.
  - 영감은 어떻게 됐니?
  - 총각이 산 그늘이 영감의 집까지 들어왔을 때 영감의 마음은 어땠을까?
  - 총각은 옳은 방법으로 문제를 해결한 것일까?
  - 왜 그렇게 생각했니?
  - 너희들이 총각이라면 어떤 방법으로 해결하고 싶니?
  - 그 이유는 무엇이니?

– 그렇게 하면 이야기가 어떻게 바뀌었을까?

❀ 내용을 회상하고 평가한다.

– 동화를 들으니 어떤 생각이 들었니?

– 어떤 장면이 가장 기억에 남니?

– 유치원에 있는 놀잇감이나 물건을 어떻게 사용해야 할까?

그건 내 조끼야

1. 관찰상황

○○가 △△의 물건을 가지고 놀고 싶어서 △△에게 "나 이거 조금만 가지고 놀아도 돼?"라고 말하며 허락을 맡고 빌려간다. 시간이 지나고 △△가 ○○에게 "내꺼 이제 돌려줘"라고 말을 했지만 ○○는 △△의 물건을 가지고 있지 않았다. 고개를 돌리니 ㅁㅁ가 ○○의 물건을 들고 있었고 그 물건은 망가져 있었다. 결국 △△는 울었다.

2. 활동유형: 이야기 나누기

3. 활동 목표

- 동화를 보고 자신의 느낌, 생각, 경험을 논리적으로 표현한다.
- 동화 속 주인공의 입장을 공감한다.

4. 누리과정 관련요소

- 의사소통 〉 듣기와 말하기 〉 자신의 경험, 느낌, 생각을 말한다.
- 의사소통 〉 듣기와 말하기 〉 상대방이 하는 이야기를 듣고 관련해서 말한다.
- 의사소통 〉 책과 이야기 즐기기 〉 책에 관심을 가지고 상상하기를 즐긴다.
- 사회관계 〉 나를 알고 존중하기 〉 나의 감정을 알고 상황에 맞게 표현한다.

5. 활동 자료

『그건 내 조끼야』 동화자료, 동화 그림 자료(늘어난 조끼를 보고 슬퍼하는 생쥐, 코끼리와 생쥐가 늘어난 조끼로 놀고 있는 장면), 생쥐 그림자료

6. 활동 방법

『그건 내 조끼야』 동화 표지를 보며 내용을 예측한다.

– 어떤 것이 보이니?

- 빨간색의 물건은 무엇일까?
- 생쥐의 표정은 어떻니?
- 무슨 일이 생겼을까?
- 왜 그렇게 생각하니?

❁ 동화를 듣는다.

줄거리

생쥐는 엄마가 짜주신 빨간색 조끼를 입는다. 잠시 후 오리가 입고, 잠시 후 원숭이가 입어보고, 물개, 사자, 코끼리도 입어본다. 결국 조끼는 늘어난다.

❁ 동화를 회상하며 상황에 대해 이야기 나눈다.

- 어떤 동물들이 나왔니?
- 생쥐는 처음에 누구에게 조끼를 빌려주었니?
- 생쥐가 돌아왔을 때 누가 입고 있었니?
- 생쥐의 마음은 어땠을까?
- 너희가 생쥐라면 조끼를 빌려줄 수 있겠니?

❁ 자신의 경험을 회상하며 이야기한다.

- 너희들도 생쥐처럼 물건을 빌려준 적이 있니?
- 빌려준 물건이 그 친구에게 그대로 있었니?
- 다른 친구에게 물건이 있었을 때 너희들의 기분은 어땠니?
- 친구 물건을 허락받지 않고 또 다른 친구에게 빌려줘도 될까?
- 왜 그렇게 생각하니?
- 이런 일이 있을 때 어떻게 해야 할까?

❁ 동화의 뒷이야기를 상상하며 이야기 나눈다.

- 그러면 생쥐는 늘어난 조끼를 어떻게 했을까?
- 왜 그렇게 생각했니?

- 활동을 정리하며 평가한다.
  - 이 이야기를 듣고 어떤 생각이 들었니?
  - 친구의 물건은 어떻게 다루어야 할까?
  - 친구의 물건을 가지고 놀다가 다른 친구가 놀고 싶어 하면 어떻게 해야 할까?

이어말하기

1. 관찰상황

'원숭이 엉덩이는 빨개' 노래를 ㅇㅇ가 자유놀이 시간에 "~백두산은 뾰족해~ 뾰족하면 주사~" 라고 노래를 부르자, △△가 다가와 "뾰족한 거에는 바늘도 있어"라고 말하며 이어말하기 놀이에 참여하였다. 이후 ㅁㅁ가 ㅇㅇ와 △△ 주변에 다가와 "바늘은 얇아"라고 말하며 세 명이 이어말하기 놀이를 하였다.

2. 활동유형: 이야기 나누기

3. 활동 목표

- 이어지는 말과 단어에 대해 관심을 가진다.
- 동화에 대한 자신의 느낌과 생각을 말로 표현한다.
- 말놀이를 즐긴다.

4. 누리과정 관련요소

- 의사소통 〉 듣기와 말하기 〉 자신의 경험, 느낌, 생각을 말한다.
- 의사소통 〉 듣기와 말하기 〉 상대방이 하는 이야기를 듣고 관련해서 말한다.
- 의사소통 〉 책과 이야기 즐기기 〉 말놀이와 이야기 짓기를 즐긴다.
- 의사소통 〉 책과 이야기 즐기기 〉 책에 관심을 가지고 상상하기를 즐긴다.

5. 활동 자료

'원숭이 엉덩이는 빨개' 노래 자료, 『시리동동 거미동동』 동화자료, 동화그림자료, 화이트보드, 보드마카, 이어말하기 자료

6. 활동 방법

- '원숭이 엉덩이는 빨개' 노래를 듣는다.
  - 어떤 노래인지 들어보자.
  - 무슨 노래일까?
  - 뒤에 어떤 말이 나올까?
- 동화책의 표지를 보고 제목과 내용에 대해 이야기 나눈다.
  - 표지에서 무엇이 보이니?
  - 사람들은 무엇을 하고 있을까?
  - 어떤 이야기일까?
- '시리동동 거미동동' 동화를 듣는다.

줄거리

주인공인 시리가 해녀인 엄마를 기다리는 과정에서 본 거미줄, 토끼, 까마귀, 바위, 하늘, 바다 등 여러 대상들의 특징을 이어 말하기로 표현한다.

- 동화 내용 순서대로 그림 자료를 보며 동화를 회상한다.
  - 주인공이 집을 나와서 처음으로 본 것은 무엇이었니?
  - 책에서 왕거미 줄은 어떻게 표현했었니?
  - 왕거미 줄 다음으로 주인공이 본 동물은 무엇이었니?
  - 이야기에서 토끼는 무엇이라고 표현했니?
  - 왜 '토끼는 난다'라고 표현했을까?
  - 너희들은 토끼를 무엇이라고 표현하고 싶니?
  - 주인공이 토끼 다음으로 어떤 동물을 만났니?
  - 까마귀는 뭐라고 표현했었니?
  - 마지막에 주인공과 친구들은 누구를 만났니?
  - 깊은 것을 무엇이라고 표현했었니?

- 주인공은 토끼랑 까마귀와 함께 엄마를 기다리면서 어떤 생각을 했을까?
- 왜 그렇게 생각했니?
- 만약 너희가 토끼와 까마귀와 함께 엄마를 찾으러 떠난다면 어떨 것 같니?

함께 이어 말하기 활동을 해본다.

- 이제 동화의 마지막 부분인 '엄마의 마음'으로 이어말하기를 해보자.
- 엄마의 마음을 뭐라고 표현하고 싶니?
- 왜 그렇게 생각했니?
- 또 다르게 생각한 내용이 있을까?

활동을 회상하고 평가한다.

- '시리동동 거미동동' 동화를 듣고, 이어 말하기도 해보았는데 어떤 것이 가장 기억에 남았니?
- 이어 말하기 활동을 해본 느낌은 어땠니?
- 친구가 말한 것들 중에서 기억에 남는 표현이 있었니?
- 새롭게 이어 말하기를 한다면 어떤 단어로 시작해보고 싶니?

우리 반 약속을 정해요

1. 관찰상황

쌓기놀이영역에서 △△가 자동차를 만들기 위해 필요한 블록을 ○○에게서 뺏았는다. ○○는 "내가 쓰고 있었잖아. 나한테 줘"라고 이야기한다. △△는 "싫어. 내꺼야"라고 한다. ○○는 △△가 가져간 블럭을 도로 빼앗아 가져온다. 화가 난 △△가 "내가 쓸거라고"하며 ○○를 민다. ○○도 화가 나 "하지 말라고"하며 △△를 밀고 △△가 만든 블럭을 부순다. 서로를 밀고 부서뜨리고 운다. 교사가 "왜 싸우고 있니?"라고 묻자, ○○는 "내가 쓰고 있는 거 가져가고 때려요"라고 이야기하고 △△는 "네가 먼저 때렸잖아"라며 둘 다 상대방이 잘못했다고 한다.

2. 활동유형: 이야기 나누기

3. 활동 목표

- 갈등을 긍정적인 방법으로 해결할 방법에 관심을 가진다.
- 자신의 경험과 생각을 적절한 단어와 문장으로 말한다.
- 서로 다른 생각을 존중하는 태도를 갖는다.

4. 누리과정 관련요소

- 의사소통 〉 듣기와 말하기 〉 바른 태도로 듣고 말한다.
- 의사소통 〉 듣기와 말하기 〉 자신의 경험, 느낌, 생각을 말한다.
- 사회관계 〉 더불어 생활하기 〉 친구의 갈등을 긍정적인 방법으로 해결한다.
- 사회관계 〉 더불어 생활하기 〉 서로 다른 감정, 생각, 행동을 존중한다.

5. 활동 자료

『내가 말할 차례야』 동화 자료, 동화 그림자료, 화이트보드, 보드마카

6. 활동 방법

- 동화 표지와 제목을 보고, 내용을 생각해한다.
  - 무엇이 보이니?
  - 무슨 일이 생긴 것일까?
- 동화를 듣는다.

줄거리

놀이터에서 공놀이를 하다가 카를라와 마리오는 서로 자기 차례라며 이야기한다. 화를 내고 때리며 싸우다가 울어버린다. 몸 대신 대화로 해결하라는 엄마의 말에 카를라와 마리오는 서로 듣지 않으며 자기 할 말만 한다.

- 동화 내용을 회상하고 문제 상황을 이야기 나눈다.
  - 카를라와 마리오는 왜 싸웠니?
  - 싸웠을 때 기분이 어땠을까?
  - 너희도 친구와 싸운 적이 있니?
  - 친구와 싸웠을 때 기분이 어땠니?
  - 너희는 친구와 싸웠을 때 어떻게 했니?
  - 마리오와 카를라는 화해할 수 있을까?
  - 어떻게 화해할 것 같니?
- 동화의 나머지 부분 이야기를 듣는다.

줄거리

엄마는 땅에서 막대기를 집어 마이크라고 주며 막대기를 잡은 사람만 이야기할 수 있다고 한다. 카를라는 먼저 막대기를 잡고 마리오가 소리 지르고 밀었다고 말한다. 아빠는 그때 기분이 어땠는지 물었고 카를라와 마리오는 친구가 화를 내고 밀었을 때 기분이 어땠는지 이야기한다. 그렇게 대화로 문제를 해결한다. 그 후 그네를 두고 또 싸우게 되었는데 카를라가 돌멩이를 주워 먼저 이야기한다. 그 후 마리오가 돌멩이를 받고 이야기한다. 이번에는 서로 화내거나 몸으로 싸우지 않았다. 그렇게 대화로 문제를 해결한다.

동화를 회상하며 이야기 나눈다.

- 엄마는 카를라와 마리오에게 무엇을 주었니?
- 두 친구는 나뭇가지를 가지고 어떻게 했니?
- 아빠는 나뭇가지를 가지고 무엇을 이야기하라고 했니?
- 그네를 가지고 싸웠을 때 카를라와 마리오는 어떻게 했니?
- 왜 나뭇가지와 돌멩이를 사용했을까?

다양한 관점에서 생각하고 이야기 나눈다.

- 만약에 너희가 친구와 싸웠을 때 마리오와 카를라처럼 나뭇가지와 돌멩이를 가지고 대화하면 어떨 것 같니?
- 왜 그렇게 생각하니?
- 우리 반에서는 어떤 것을 사용할 수 있을까?
- 만약에 물건이 없다면 어떤 방법으로 대화할 수 있을까?

약속을 정한다.

- 우리 반이 기분 좋게 놀기 위해서는 어떻게 해야 할까?
- 왜 그렇게 생각했니?
- 다른 방법은 없을까?
- 이야기한 것 중 어떤 방법을 우리 반 약속으로 정하고 싶니?

활동을 회상하며 평가한다.

- 동화를 들으니 어떤 생각이 들었니?
- 오늘 우리가 정한 우리 반 약속은 무엇이었니?
- 만약 약속을 지키지 않으면 어떻게 될까?
- 약속을 잘 지키기 위해서 어떤 노력을 해야 할까?

불을 꺼주세요

1. 관찰상황

학기 초 '우리 반에서 지켜야 할 약속'을 정했다. 그 중 '사용하지 않는 불 끄기'가 있다. 그러나 화장실 이용 후 가장 마지막에 사용한 유아가 불을 끄지 않거나, 라이트 테이블 이용 후 불을 끄지 않기도 하며 교실 밖으로 나갈 때 교실 불을 끄지 않는 유아들이 많다.

2. 활동유형: 이야기 나누기

3. 활동 목표

- 빛이 주는 이로움과 해로움을 안다.
- 자신의 생각과 느낌, 경험을 적절한 단어와 문장으로 말한다.

4. 누리과정 관련요소

- 의사소통 〉 듣기와 말하기 〉 자신의 경험, 느낌, 생각을 말한다.
- 의사소통 〉 듣기와 말하기 〉 상대방이 하는 이야기를 듣고 관련해서 말한다.
- 의사소통 〉 책과 이야기 즐기기 〉 책에 관심을 가지고 상상하기를 즐긴다.
- 사회관계 〉 사회에 관심 가지기 〉 내가 살고 있는 곳에 대해 궁금한 것을 알아본다.

5. 활동 자료

『불을 꺼 주세요』 동화 자료

6. 활동 방법

우리 반 약속에 대해 이야기 나눈다.

- '우리 반에서 지켜야 할 약속' 중 빛과 관련된 약속은 무엇이 있었니?
- 유치원에서 '사용하지 않는 불 끄기' 약속을 잘 지키고 있니?

- 집에서 '사용하지 않는 불 끄기' 약속을 잘 지키고 있니?
- 왜 사용하지 않는 불을 꺼야 할까?
- 동화를 잘 들어보자.

동화를 듣는다.

줄거리

깊은 밤에도 세상은 가로등 불빛, 자동차 불빛 등으로 밝다. 밝은 불에 동물들이 잠을 잘 수 없고 곤충, 새들이 사라졌다. 여우와 딱정벌레는 어둠을 찾으러 떠난다. 이 과정에서 노래하지 못하는 개구리들, 길을 찾지 못하는 아기 바다 거북이들 외에도 많은 동물들이 어려움을 겪고 있는 모습을 마주하게 된다. 여우와 딱정벌레는 어둠을 찾기 위해 노력한다.

동화 내용을 회상하며 이야기 나눈다.

- 어떤 동물들이 나왔니?
- 이 동물들은 빛 때문에 어떤 어려움이 있었니?
- 너희들은 빛이 있어서 불편하다고 느낀 적이 있니? 언제 불편했니?
- 사람들만 빛이 불편하다고 느낄까?
- 빛이 동물에게 주는 나쁜 점은 무엇일까?
- 동물들은 빛을 피해서 어디로 갔을까?
- 식물도 동화 속 동물들처럼 빛을 피할 수 있을까?
- 식물은 빛을 느낄 수 있을까?
- 깜깜한 곳에서 잠을 자야 하는 식물에게 거리의 불빛은 어떻게 느껴질까?
- 식물이 밤에 불빛을 받으면 어떻게 될까?
- 밤에 잠을 못 자는 식물은 어떻게 될까?
- 만약 너희들이 건강하게 생활하지 않는다면, 잘 자랄 수 있을까?

빛으로부터 자연을 보호하는 방법에 대해 이야기 나눈다.

- 동물들이 편안하게 밤을 보낼 수 있는 방법은 무엇이 있을까?
- 왜 그렇게 생각했니?

- 사람들이 만든 빛으로부터 자연을 보호하려면 어떻게 해야 할까?
- 너희들이 유치원에서 불 끄기 약속을 잊지 않도록 하는 방법에는 무엇이 있을까?

활동을 회상하며 평가한다.

- 동화를 들으며 가장 기억에 남는 것은 무엇이니?
- 어떤 약속을 지키기로 했니?
- 약속을 지키기 위해서 어떻게 해야 할까?

왜 친구를 놀리면 안 되나요?

1. 관찰상황

유아들이 등원하여 인사를 나누고 있다. 눈에 모기를 물린 ○○를 보고 △△가 "눈이 햄버거 같아"라고 놀린다. 다른 유아들이 "맛있겠다. 햄버거"라고 함께 놀린다. ○○가 "햄버거 아니야. 눈에 모기 물린 거야."라고 말한다. 하지만 다른 유아들은 "햄버거~ 햄버거~"라며 계속 놀린다. ○○가 "아니라니까!"하고 소리를 지른다.

2. 활동유형: 이야기 나누기

3. 활동 목표

- 동화의 내용을 이해하고 자신의 생각을 말로 표현한다.
- 친구와의 갈등을 긍정적으로 해결하는 방법을 안다.
- 친구의 마음에 공감하는 태도를 갖는다.

4. 누리과정 관련요소

- 의사소통 〉 듣기와 말하기 〉 자신의 경험, 느낌, 생각을 말한다.
- 의사소통 〉 책과 이야기 즐기기 〉 책에 관심을 가지고 상상하기를 즐긴다.
- 사회관계 〉 더불어 생활하기 〉 친구와의 갈등을 긍정적인 방법으로 해결한다.

5. 활동 자료

『왜 친구를 놀리면 안 되나요?』 동화 자료, 동화 주요 장면 그림 자료.

6. 활동 방법

동화의 표지 그림과 제목을 보고 내용을 예측해본다.

- (제목을 가린 동화 표지를 보며) 그림에 무엇이 보이니?
- 어떤 일이 생겼을까?

- 왜 그렇게 생각했니?

- 동화를 듣는다.

줄거리

친구를 보면 놀리는 성재와 그런 성재에게 놀림을 받아 속상해하는 진우가 동동이에게 위로를 받고 문제를 해결할 용기를 얻게 된다.

- 동화 내용을 회상하며 자신의 경험에 대해 이야기 나눈다.
  - 진우에게 무슨 일이 일어났니?
  - 놀림 받은 진우의 기분은 어땠을까?
  - 왜 그렇게 생각했니?
  - 너희들도 진우처럼 놀림 받은 적이 있었니?
  - 언제 놀림을 받았니?
  - 그때 기분이 어땠니?
  - 진우가 다시 교실로 들어가서 어떻게 했을까?
  - 너희들이 이야기한 것처럼 진우가 했을지 동화를 더 들어보자'

- 동화의 다음 이야기를 듣는다.

줄거리

성재가 또 다시 진우를 놀릴 때, 진우가 똑같이 성재를 놀리고, 다른 친구들도 함께 성재를 놀리며 친구들이 놀림을 받았을 때의 기분을 성재가 느끼게 한다. 친구들의 마음을 알게 된 성재가 친구들에게 미안한 마음을 갖고 사과하며, 친구들과 서로 칭찬해주며 칭찬 대장이 된다.

- 문제 해결에 대해 이야기 나눈다.
  - 동화 속에서 진우는 어떻게 했니?
  - 친구를 놀리던 성재가 반대로 놀림을 받았을 때, 성재는 어땠을까?
  - 진우가 똑같이 성재를 놀린 것에 대해 어떻게 생각하니?

- 왜 그렇게 생각했니?
- 만약에 너희가 진우였다면 어떻게 하고 싶니?
- 왜 그렇게 생각했니?
- 다른 방법이 있을까?

활동을 회상하며 평가한다.

- 「왜 친구를 놀리면 안 되나요?」 이야기를 들어봤는데 어땠니?
- 동화를 듣고 난 후 새롭게 알게 된 것이 있니?
- 앞으로 너희가 친구에게 놀림을 받는다면, 그 친구에게 어떻게 이야기해 주는 것이 가장 좋을까?

형님이 되었어요

1. 관찰상황

만 4세 노랑반 아이들은 만 5세 보라반에 가서 모습을 관찰하고 왔다. 다음날 등원 시간, ㅇㅇ는 교사에게 인사를 하고 겉옷을 만지며 "선생님, 해주세요."라고 말한다. 교사가 "ㅇㅇ가 스스로 단추 하나씩 풀어볼까?"라고 말하자 "저 혼자 단추 못 풀어요."라고 대답한다. △△는 등원하자마자 가방과 겉옷을 바닥에 놓고 "ㅇㅇ아, 같이 놀자"라고 말하며 쌓기 놀이 영역으로 간다.

2. 활동유형: 이야기 나누기

3. 활동 목표

- 동화를 주의깊게 듣고 내용을 이해한다.
- 자신의 생각과 경험을 논리적으로 표현한다.

4. 누리과정 관련요소

- 의사소통 〉 듣기와 말하기 〉 자신의 경험, 느낌, 생각을 말한다.
- 의사소통 〉 듣기와 말하기 〉 상대방이 하는 이야기를 듣고 관련해서 말한다.
- 의사소통 〉 책과 이야기 즐기기 〉 책에 관심을 가지고 상상하기를 즐긴다.
- 사회관계 〉 나를 알고 존중하기 〉 나의 감정을 알고 상황에 맞게 표현한다.

5. 활동 자료

교실 사진 자료, 『형님이 되었어요』 동화 자료, 동화 주요 장면 그림 자료

6. 활동 방법

- 교실 사진을 보며 이야기 나눈다.
  - 여기는 어디일까?
  - 어제 ㅇㅇ반에 갔었는데 생각나니?
  - 누나 형들은 어떤 모습이었니?
  - 우리랑 무엇이 다를까?
  - 어떤 점이 좋을까?
  - 힘든 점은 무엇이 있을까?
- 동화책의 표지를 살펴보고, 동화 내용을 예측해본다.
  - (제목을 읽은 후) 이 동화는 어떤 내용일까?
  - 찬이는 어떤 아이일 것 같니?
  - 동화를 잘들어보자.
- '형님이 되었어요' 동화를 듣는다.

줄거리

찬이 가족은 갑자기 달라졌다. 작은 누나는 변기 물을 내려야 한다고 소리를 지르고, 엄마는 혼자 옷을 입어야 한다며 옷을 건네주고, 할머니도 반찬을 스스로 가져다 먹으라고 하신다. 아빠마저도 방을 스스로 치우라고 말씀하신다. 찬이는 그만 울음을 터뜨렸고 변해버린 가족이 밉기 시작했다. 그러자 큰 누나가 달래주며 이제 7살이 되었으니 스스로 해야 한다고 말한다. 찬이는 혼자 낑낑거리며 겨우 옷을 입고 심술을 부리며 유치원에 간다.

- 동화 내용 회상하고 문제 상황을 이야기 나눈다.
  - 찬이가 이제 몇 살이 되었니?
  - 7살이 된 찬이는 어떤 것을 어려워했니?
  - 찬이는 왜 혼자 하는 것을 어려워했니?
  - 가족들은 왜 찬이에게 갑자기 혼자 하라고 했을까?

- 큰누나의 말을 듣고 찬이는 어떻게 생각했니?
- 찬이가 혼자 해야 하는 이유를 알고 있는 것 같니?
- 왜 혼자 해야 할까?

동화 속 상황에 대한 자신의 경험에 대해 이야기 나눈다.

- 너희도 찬이처럼 무언가를 혼자 했을 때 힘들었던 적이 있니?
- 무엇을 혼자 했을 때 힘들었니?
- 그때 어떻게 했니?

동화의 다음 내용을 예측한다.

- 속상한 마음으로 유치원에 간 찬이에게 어떤 일이 일어날 것 같니?
- 찬이가 유치원에서는 어떤 모습일지 함께 다음 이야기 들어보자.

다음 이야기를 듣는다.

줄거리

오늘은 6살 동생들이 엄마, 아빠랑 유치원 구경 오는 날이다. 새싹반 선생님은 찬이에게 "한 달만 있으면 형님이 되겠구나"라고 말한다. 그런 찬이는 히죽거리며 화장실에 들어갔는데 바지를 내리지 못해 쩔쩔매고 있는 동생을 마주한다. 찬이는 그런 동생을 도와줬다. 그때 새싹반 선생님이 들어와 칭찬받은 찬이는 기분이 좋아졌다. 그 후 집에 돌아온 찬이는 멋진 형님이 되어야겠다고 생각하며 스스로 정리한다.

동화 내용을 회상하며 동화 속 문제 해결 방법을 이야기 나눈다.

- 심술 난 찬이는 유치원에 가서 선생님에게 무슨 이야기를 들었니?
- 화장실에서는 어떤 일이 있었니?
- 집에 돌아와서 본 거울 속 찬이는 어떤 모습이었니?

자신이 생각하는 문제해결 방법을 이야기 나눈다.

- 왜 찬이가 멋진 형님이 되어야겠다고 생각했니?
- 왜 집에서는 형님이 되고 싶다는 생각을 못했을까?

- 가족들이 찬이에게 했던 말들이 좋은 방법이었을까?
- 왜 그렇게 생각했니?
- 가족들은 찬이가 스스로 할 수 있도록 어떻게 해주면 좋을까?

활동을 회상하고 평가한다.

- 이야기를 듣고 나서 어떤 생각이 들었니?
- 찬이에게 해주고 싶은 말이 있니?
- 너희들은 무엇을 혼자 해볼 수 있을까?

CHAPTER 02

창의적 사고에 따른 활동

생일

1. 창의적 사고기법 : 브레인스토밍

2. 활동 목표

- 나의 생각을 자유롭게 말할 수 있다.
- 생일의 의미에 대하여 알 수 있다.

3. 누리과정 관련요소

- 예술경험 〉 창의적으로 표현하기 〉 다양한 미술 재료와 도구로 자신의 생각과 느낌을 표현한다.
- 의사소통 〉 듣기와 말하기 〉 상대방이 하는 이야기를 듣고 관련해서 말한다.
- 의사소통 〉 듣기와 말하기 〉 자신의 경험, 느낌, 생각을 말한다.

4. 활동 자료

사인펜, 브레인스토밍 판, 매직

5. 활동 방법

케이크로 흥미를 끈다.

- 케이크는 언제 먹어 보았니?
- 너희가 태어난 날을 뭐라고 할까?

브레인스토밍 판을 제시한다.

브레인스토밍을 한다.

- 여기 뭐라고 써 있는지 다같이 읽어볼까?
- 너희는 "생일" 하면 어떤 기분이 드니?
- ㅇㅇ는 ㅇㅇ한 기분이 드는구나 그러면 ㅇㅇ한 기분으로 생일에 무엇을 할 수 있을까?

- ○○가 말한 것처럼 생일파티를 할 수가 있겠구나
- 생일 파티 하면 어떤 게 떠오르니?
- 생일파티 하면 떠오르는 것이 이렇게나 많구나

❁ 활동에 대해 평가한다.

- 어떻게 하면 다시 친해질 수 있을 것 같아? 무슨 방법이 있을까?
- 우리 다음에는 어떤 활동을 해보면 좋을 거 같아?

공주이야기

1. 창의적 사고기법: 시네틱스 〉 직접유추 (벤다이어그램)

2. 활동 목표

- '신데렐라'와 '콩쥐팥쥐'를 듣고 두 동화의 공통점과 차이점을 찾을 수 있다.
- '콩쥐팥쥐' 동화를 바른 자세로 듣는다.

3. 누리과정 관련요소

- 의사소통 〉 듣기와 말하기 〉 말이나 이야기를 관심 있게 듣는다.
- 의사소통 〉 듣기와 말하기 〉 상대방이 하는 이야기를 듣고 관련해서 말한다.
- 의사소통 〉 듣기와 말하기 〉 바른 태도로 듣고 말한다.

4. 활동 자료

콩쥐팥쥐 프린트 도입자료, '콩쥐팥쥐'이야기 PPT자료, 벤다이어그램 판

5. 활동 방법

주인공을 등장시켜 흥미를 끈다.

– 어제는 신데렐라가 있었는데 오늘은 이야기 문에 누가 있을까?
– 문을 똑똑똑 두드리고 열어서 무엇이 보였는지 알아보도록 하자. 선생님이 한번 똑똑똑 두드려 볼게 (문을 연다)

동화를 듣는다.

옛날에 콩쥐라는 아이가 살았습니다. 콩쥐는 엄마가 돌아가시자 새엄마를 맞게 되었는데, 새엄마는 동생 팥쥐도 함께 데려왔습니다. 어느 날 새엄마는 팥쥐와 마을 잔치에 놀러 가게 되었습니다. 하지만 콩쥐에게는 힘든일을 시키고 다 마치면 잔치에 오라 일렀습니다. 새엄마가 준 항아리는 바닥에 구멍이 나 있어 물이

채워지지 않았습니다. 그 때 두꺼비가 막아주어 콩쥐는 항아리에 물을 채울 수 있었습니다. 콩쥐가 벼를 찧으려 하자 참새들이 날아와 콩쥐를 도와주었습니다. 이번에는 하늘에서 선녀가 내려와 콩쥐에게 예쁜 옷을 입히고 꽃신을 주었습니다. 서둘러 잔치에 달려가던 콩쥐는 꽃신 한 짝을 길에 떨어뜨리고 말았습니다. 때마침 지나가던 원님이 길에 있는 꽃신을 보고는 꽃신의 주인과 혼인을 할 것이라 말했습니다. 이 말에 모든 여인들과 팥쥐까지 꽃신을 신어보았지만 아무도 맞지 않았고 콩쥐가 신어보자 꼭 맞았습니다. 이후 콩쥐는 원님과 행복하게 살았답니다.

- 벤다이어 그램 비교를 한다.
  - 동그라미들로 신데렐라와 콩쥐팥쥐를 어떻게 비교할 수 있을까?
  - 이쪽 동그라미 위에는 뭐라고 적혀있니?
  - 이 동그라미에 두 동화에 관한 것들을 각각 적어볼 거야.
  - 자세히 보니 동그라미 두 개가 어떻게 되어있니?
  - 이 부분에 콩쥐팥쥐와 신데렐라의 같은 점과 다른 점 중 어떤 것을 적어보면 좋을까?
  - 이 부분에는 같은 점을 적어보도록 하자.
  - 신데렐라에 나오는 것 중에는 무엇이 있었니?
  - 콩쥐팥쥐에 나오는 것 중에는 무엇이 있었니?

- 활동에 대해 평가한다.
  - 오늘 활동을 하면서 재미있었던 부분이나 좋았던 부분 있었니?
  - 그렇다면 어려웠거나 힘들었던 부분이 있었다면 어느 부분이었니?

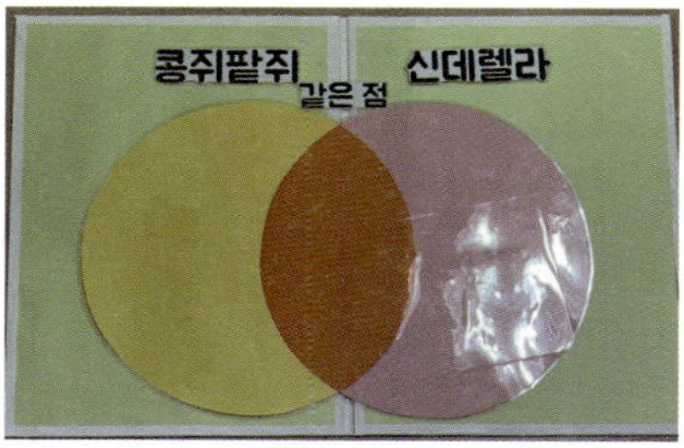

내가 만약 토끼라면?

1. 창의적 사고기법 : 시네틱스 〉 의인적 유추

2. 활동 목표

- 등장인물의 입장이 되어 생각해볼 수 있다.
- 등장인물에 대한 자신의 생각을 말할 수 있다.
- 바른 자세와 태도로 동화를 들을 수 있다.

3. 누리과정 관련요소

- 의사소통 〉 듣기와 말하기 〉 말이나 이야기를 관심있게 듣는다.
- 의사소통 〉 책과 이야기 즐기기 〉 책에 관심을 가지고 상상하기를 즐긴다.

4. 활동 자료

PPT 동화 (토끼와 거북이), 주인공이 코팅되어 붙여진 하드보드지 판, 당근 포스트잇, 펜, 찍찍이

5. 활동 방법

퀴즈로 흥미를 끈다.

– 선생님이 퀴즈를 준비해왔어.

– 이 동화에 나오는 첫 번째 친구는 당근을 좋아해요.(당근 카드 제시)
– 이 친구는 귀가 길어요. (긴 귀 카드 제시)
– 이 친구는 꼬리가 동그래요 (꼬리 카드 제시)
– 두 번째 친구는 아주 느려요. (느릿느릿 카드 제시)
– 이 친구는 등딱지가 있어요. (등딱지 카드 제시)

책의 표지를 보여준다.

– 표지 그림을 보니 어떤 내용이 있을 것 같니?

동화를 듣는다.

거북이 한 마리가 숲속을 지나가고 있었어요. 그때 옆을 지나가던 토끼가 거북이를 놀렸어요. 약이 오른 거북이는 토끼에게 언덕 위의 나무까지 누가 먼저 도착하는지 경주를 하자고 이야기했어요. 토끼와 거북이는 동시에 출발했고 토끼는 먼저 앞서 나갔어요.

먼저 앞서 나가던 토끼가 가던 길을 멈추고 뒤를 돌아보자 거북이는 아직도 저 멀리서 엉금엉금 오고 있었지요. 토끼는 게으름을 부리며 바위에 누워 잠을 청했어요. 꾸준하고 열심히 길을 가던 거북이는 어느새 자고있는 토끼의 옆을 지나쳐 결승선에 먼저 도착했어요. 그 말을 들은 토끼는 서둘러 달려갔지만, 이미 거북이는 결승선에 도착한 후였고 땅을 치며 후회했답니다.

동화를 회상한다.

-토끼에게 느림보라는 말을 들었을 때 거북이의 마음이 어땠을 것 같니?

-먼저 달리던 토끼가 거북이에게 진 이유는 무엇인 것 같니?

생각을 적어본다.

-너희가 토끼였다면, 어떻게 했을지 각자의 생각을 이야기해보자.

-이야기한 것을 선생님이 적어줄 테니 다 적은 친구는 당근을 땅에 심어주자.

활동에 대해 평가한다.

- 오늘 활동을 하면서 어떠한 일을 할 때는 무슨 마음을 갖는 것이 중요하다고 생각되었니?

누가 고양이 목에 방울을 달아야 할까?

1. 창의적 사고기법: PMI

P – 어떤 아이디어에 대한 좋은 점, 좋아하는 이유, 긍정적인 면 등
M – 어떤 아이디어에 대한 좋지 못한 점, 고쳐져야 할 점, 부정적인 면 등
I – 어떤 아이디어에 대한 재미있는 부분, 흥미로운 부분, 새로운 아이디어 등

2. 활동 목표

- 다수결에 대한 개념을 안다.
- 동화를 감상하고 자신의 생각과 느낌을 말할 수 있다.
- 친구들과 의견이 서로 다를 때 서로의 생각을 존중하여 의견을 조율해 나갈 수 있다.

3. 누리과정 관련요소

- 의사소통 〉 듣기와 말하기 〉 말이나 이야기를 관심 있게 듣는다.
- 의사소통 〉 듣기와 말하기 〉 자신의 경험, 느낌, 생각을 말한다.
- 사회관계 〉 더불어 생활하기 〉 서로 다른 감정, 생각, 행동을 존중한다.

4. 활동 자료

PPT 도입 퀴즈 자료, 동화 겉표지, 속지 그림 자료, PPT 동화 〈누가 고양이 목에 방울을 달아야 할까?

5. 활동 방법

책의 표지를 보여준다

– 선생님이 들려 줄 동화에 생쥐가 나와.
– 동화 표지를 같이 볼까?
– 무엇을 찬성하고 있을지 제목을 한번 보자
– 무엇을 찬성하고 있는 걸까?

- 생쥐가 무엇을 하고 있니?
- 생쥐가 어떤 기분인 거 같니?
- 너희 다수결이 무엇인지 알고 있니?
- 서로 생각이 다를 때 투표를 통해서 더 많은 사람이 찬성하는 것으로 결정하는 방법을 바로 '다수결'이라고 해.

● 동화를 회상한다.

- 선생님이 읽어준 동화책 재밌게 잘 들어봤니?
- 이 책에는 누가 나왔니?
- 책을 읽으면서 기억에 남는 장면이 있었니?
- 왜 그 장면이 기억에 남았니?
- 다수결이 언제나 옳은 걸까?
- 다수결의 좋은 점은 무엇인 거 같니? (P)
- 안 좋은 점은 무엇이 있을까? (M)
- 그럼 어떻게 해야 큰 마을, 작은 마을 모두에게 좋은 결정을 내릴 수 있을까? (I)

마무리

● 활동에 대해 평가한다.

- 친구들과 무언가를 결정해야 할 때 서로 생각이 달라 다툰 적이 있니?
- 친구가 나의 생각을 들어주지 않았을 때 기분이 어땠니?
- 그럴 때 우리가 어떻게 하면 좋을까?

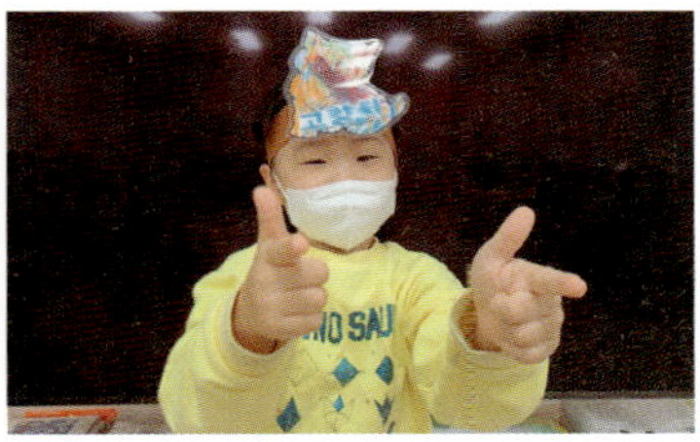

장수탕 선녀님

1. 논술 기법: PMI

P – 어떤 아이디어에 대한 좋은 점, 좋아하는 이유, 긍정적인 면 등

M – 어떤 아이디어에 대한 좋지 못한 점, 고쳐져야 할 점, 부정적인 면 등

I – 어떤 아이디어에 대한 재미있는 부분, 흥미로운 부분, 새로운 아이디어 등

2. 활동 목표

- 선물의 개념을 안다.
- 상대방이 좋아하는 선물을 줄 수 있다.
- 친구들의 이야기를 경청한다.

3. 누리과정 관련요소

- 의사소통 〉 듣기와 말하기 〉 자신의 경험, 느낌, 생각을 말한다.
- 의사소통 〉 듣기와 말하기 〉 바른 태도로 듣고 말한다
- 의사소통 〉 책과 이야기 즐기기 〉 책에 관심을 가지고 상상하기를 즐긴다

4. 활동 자료

등장인물 사진, 그림 그릴 수 있는 종이, 자석 동화, 목욕탕 소리, 목욕탕 사진

5. 활동 방법

목욕탕 소리로 흥미를 끈다.

- 선생님이 오늘은 어떤 소리를 들려줄 거야 소리를 들어보고 어떤 장소일지 맞추어보자
- 목욕탕이란다. 다들 목욕탕에 가본 적이 있니?

동화를 듣는다.

안녕! 내 이름은 덕지. 나는 오늘 엄마랑 같이 목욕탕에 간다. 큰길가에 새로 생긴 스파랜드에는 불가마도 있고, 얼음방도 있다는데… 엄마는 오늘도 장수탕으로 간다. 그래도 한 가지! 울지 않고 때를 밀면 엄마가 요구르트를 한 개 사주신다. 그리고 한 가지 더! 내가 가장 좋아하는 냉탕. "덕지 너 그러다 감기걸린다!!" 풍덩풍덩 발 딛고 개헤엄 치기. 어푸어푸 국가 대표 덕지 선수 금메달! 그런데… 어? 이상한 할머니가 나타났다! "겁먹지 마라, 얘야. 나는 저 산속에 사는 선녀란다. 날개옷을 잃어버려 여태 여기서 지내고 있지." 선녀 할머니는 '선녀와 나무꾼'이라는 옛날이야기를 들려주셨다. 선녀 할머니가 요구르트를 가리키며 수줍게 물었다. "요구르트요." " 요… 요구룽?" " 음… 잠깐만요!" 나는 뜨거운 탕에 들어가 때를 불렸다. 숨이 막혔지만 꾹 참았다. 엄마가 때를 밀 때도 눈물이 나려는 걸 꾹꾹 참았다. 드디어 엄마가 요구르트를 하나 사 주셨다. 나는 할머니께 요구르트를 드렸다. 다음에 또 할머니랑 놀면 좋겠다. 콧물도 났다. "거봐. 엄마 말 안 들더니 감기 걸렸네!" 한밤중에 잠에서 깼다. 머리가 지끈지끈 목구멍이 따끔따끔 온몸이 후끈후끈 너무 아파. 그때! "덕지야, 요구룽 고맙다. 얼른 나아라" 아 시원해… 다음 날 아침 거짓말처럼 감기가 싹 나았다!!!
"고마워요, 선녀 할머니"

동화를 회상한다.

- 우리 동화 속 주인공이 누구였지?
- 덕지가 냉탕에서 노는 방법을 알려줬는데 우리 친구들도 그렇게 놀아본 적이 있니?
- 덕지는 선녀님께 하나밖에 없는 요구르트를 양보했는데 친구들이라면 어떻게 했을 것 같니?

소개하고 싶은 인물 정하기

- 우리 이렇게 덕지의 이야기를 들어보았는데 어땠니?

- 어떤 부분이 재밌게 느껴졌니?
- 우리 덕지처럼 선물을 하면 어떤 점이 좋을까? (P)
- 왜 그렇게 생각했니?
- 친구들은 선물을 해줬을 때 기분이 좋았던 적이 있니?
- 어떤 선물을 해줬는데 기분이 좋았니?
- 우리가 선물을 아무에게나 주면 어떤 점이 불편할까? (M)
- 왜 그렇게 생각했니?
- 어떻게 해야 주는 사람도, 받는 사람도 기분 좋은 선물이 될까? (I)

❁ 활동에 대해 평가한다.

- 오늘 이렇게 장수탕 선녀님 동화를 들어보면서 재미있던 점은 무엇이니?

엄마는 누구보다 너를 사랑해

1. 창의적 사고기법 : 시각적 사고기법

시각적 사고기법:
마음속에 생각하고 있는 것을 간단한 기호 및 그림, 색깔 등을 이용하여 표현

2. 활동 목표

- 동화를 주의 깊게 듣고 내용을 이해한다.
- 동화 감상하기를 즐긴다.
- 동화를 감상한 후 느낌과 생각을 그림 및 이야기로 표현한다.

3. 누리과정 관련요소

- 의사소통 〉 책과 이야기 즐기기 〉 책에 관심을 가지고 상상하기를 즐긴다.
- 의사소통 〉 듣기와 말하기 〉 자신의 경험, 느낌, 생각을 말한다.
- 사회관계 〉 더불어 생활하기 〉 서로 다른 생각, 감정, 행동을 존중한다.

4. 활동 자료

- "닮은 곳이 있대요" 동요 영상 자료, "엄마는 누구보다 너를 사랑해" PPT 동화 자료, 다양한 쓰기 도구 (사인펜, 색연필, 크레파스, 유성 매직 등), 도화지, 자석

5. 활동 방법

'닮은 곳이 있대요' 동요에 맞춰 손유희를 한다.

– 선생님이랑 '닮은 곳이 있대요' 동요를 들어보면서 손 유희를 해보도록 하자.

엄마하고 나하고 닮은 곳이 있대요.
엄마하고 나하고 닮은 곳이 있대요.
눈 땡! 코 땡! 입 딩동댕~
아빠하고 나하고 닮은 곳이 있대요.
아빠하고 나하고 닮은 곳이 있대요.
눈 땡! 코 땡! 볼 딩동댕~

책의 표지를 보여준다

- 동화의 제목은 무엇일 거 같아?
- 어떤 내용의 동화일 것 같니?
- 동화의 제목은 "엄마는 누구보다 너를 사랑해" 란다.

동화를 듣는다.

"엄마는 누구보다 너를 사랑해"
그래, 엄마가 모두 기억할게.
네가 태어난 그 순간부터
널 영원히 기억할 거야.
엄마는 영원히 영원히 너를 사랑해.

엄마는 아이를 누구보다 사랑하지만, 아이를 위해서 혼을 내기도 하고, 엄하게 대하기도 합니다. 하지만 그렇다고 해서 엄마가 아이를 사랑하지 않는 것은 아닙니다. 하지만 아이들은 엄마가 자신을 혼냈다고, 엄마가 더 이상 사랑해주지 않는다고 합니다. 그런 아이들에게 엄마는 언제나 그리고 누구보다 아이를 사랑한다는 것을 말해주는 이야기이다.

동화를 회상한다.

- 선생님이 읽어준 동화책 재밌게 잘 들어봤니?
- 이 책에는 누가 나왔니?
- 책을 읽으면서 기억에 남는 장면이 있었니?
- 왜 그 장면이 기억에 남았니?
- 선생님이 동화 속 장면 중 한 장면을 보여 줄거야. 장면을 살펴보고 어떤 상황인지 맞춰보도록 하자.
- 엄마가 나를 사랑한다고 느꼈을 때나 엄마랑 했을 때 행복했던 기억을 그림이나 글 등 다양한 방법으로 표현해 볼까?
- ○○는 그렇게 생각했구나 ○○가 생각한 것을 자석 색깔로 표현해 볼 수 있겠니?
- 왜 이 색깔의 자석을 선택하였니?

활동에 대해 평가한다.

- 친구들 앞에서 발표해 볼 친구가 있을까?
- ○○는 무엇을 그렸었지?
- ○○는 엄마랑 무엇을 했을 때 가장 행복했다고 했니?
- ○○는 엄마가 언제 사랑한다고 해줬다고 했니?

커다란 순무

1. 창의적 사고기법 : 시네틱스(synetics) 〉 직접적 유추

시네틱스

2. 활동 목표

- 함께하는 것에 대해 중요성을 안다.
- 이야기를 듣고 동화의 내용을 이해할 수 있다.

3. 누리과정 관련요소

- 의사소통 〉 말하기 〉 느낌, 생각, 경험 말하기
- 의사소통 〉 듣기 〉 이야기 듣고 이해하기
- 사회관계 〉 더불어 생활하기 〉 서로 도우며 사이좋게 지낸다.

4. 활동 자료

커다란 순무 동화, 순무 부직포 모양, 상자

5. 활동 방법

책의 제목을 보이지 않도록 그림만 보여주어 흥미를 끈다.

- 그림에서 무엇이 보이니?
- 무엇을 하고 있는것일까?
- 이 책에는 어떤 이야기가 있을까?
- 책의 제목은 바로 '커다란 순무'라는 책이야

동화를 듣는다.

할아버지가 헛간을 청소하다 순무 씨 한 알을 발견한다. 할아버지는 순무 씨 한 알을 정성껏 키우는데 순무 씨도 정성을 느꼈는지 무럭무럭 자란다. 순무가 먹음직스럽게 자라자 할아버지가 무를 뽑으려는데 꼼짝도 하지 않는다. 그렇게 할머니, 율라, 강아지, 고양이, 쥐까지 힘을 합쳐 무를 뽑게 된다. 열심히 뽑은 순무를 가지고 할머니는 맛있는 수프를 끓여주신다.

- 모두 이야기 잘 들어보았니?
- 가장 기억에 남는 부분을 이야기해 줄 친구 있니?
- 왜 그 부분이 가장 기억에 남니?

동화를 회상한다.

- 커다란 순무 책에서 할아버지가 어떤 씨앗을 발견했지?
- 순무씨였어. 할아버지는 순무 씨를 어떻게 키웠는지 기억나?
- 정성껏 순무 씨를 키웠지. 우리 친구들이 할아버지였다면 순무 씨를 어떻게 키울 거니?
- ○○이는 순무 씨를 멋지게 키울 거구나. 멋진 순무가 자랄 것 같아.
- 할아버지의 정성을 알았는지 순무는 무럭무럭 자랐어. 할아버지가 혼자 순무를 뽑으려고 하자 무가 뽑히지 않았지? 누구와 함께 무를 뽑았는지 알고 있니?
- 할머니, 율라, 강아지, 고양이, 쥐와 함께 힘을 합쳐 무를 뽑았지.
- 우리 친구들이 주인공이 되어서 무를 뽑는 걸 몸으로 표현해 보자.
- 무를 뽑아보고 싶은 친구가 있니?
- ○○이가 나와서 무를 뽑아보자.

활동에 대해 평가한다.

- 커다란 순무라는 동화였어. 오늘 직접 무를 뽑아보니까 어땠니?
- 우리 동화에 나온 것처럼 무를 직접 뽑아봤잖아. ○○가 혼자 나와서 뽑았을 땐 잘 뽑히지 않았어.
- 그때 친구들이 도와주니까 무를 뽑을 수 있었지?

우리는 친구

1. 창의적 사고기법 : 스캠퍼

S – 대체하기
C – 결합하기
A – 적용하기
M – 수정하기(축소나 확대)
P – 다르게 활용하기
E – 제거하기
R – 재배열하기

2. 활동 목표

- 동화책의 내용을 듣고 자신의 경험과 생각을 말할 수 있다.
- 친구와 사이좋게 지내는 방법을 이야기할 수 있다.
- 다른 친구가 발표할 때 바른 태도로 들을 수 있다.

3. 누리과정 관련요소

- 의사소통 〉 듣기와 말하기 〉 말이나 이야기를 관심 있게 듣는다.
- 의사소통 〉 듣기와 말하기 〉 자신의 경험, 느낌, 생각을 말한다.
- 의사소통 〉 책과 이야기 즐기기 〉 책에 관심을 가지고 상상하기를 즐긴다.

4. 활동 자료

'우리는 친구' 동화책 (앤서니 브라운/장미란, 웅진 주니어), '우리는 친구' PPT 동화, 스캠퍼 활동지 색연필과 사인펜, 스캠퍼 설명판

5. 활동 방법

- '너하고 나는' 노래를 부른다.

– 선생님이랑 "너하고 나는" 동요를 불러 보도록 하자.

너하고 나는 친구 되어서 사이좋게 지내자
새끼 손가락 고리걸고 꼭 꼭 약속해
싸움하면은 친구 아니야 사랑하고 지내자
새끼 손가락 고리걸고 꼭 꼭 약속해
맛있는것은 나눠먹으며 서로돕고 지내자
새끼 손가락 고리걸고 꼭 꼭 약속해

- 책의 표지를 보여준다

– 표지에 나오는 동물들은 어떤 동물이니?
– 둘은 어떤 사이인 것 같아?
– 그럼 표지에 제목은 무엇일까?

- 동화를 듣는다.

손짓 말을 할 줄 아는 동물원 고릴라는 부족한 것 하나 없이 사는 듯 보였지만, 아니었답니다. 왜냐구요? 고릴라의 곁엔 아무도 없었거든요. 친구가 필요하다는 고릴라의 손짓 말에 사육사들은 '예쁜이'라는 작은 고양이를 주었어요. 둘은 정말 행복했어요. 무엇이든 함께 했거든요. 그러던 어느 날 영화를 보던 고릴라가 무엇인가에 화가 났는지 난폭한 행동을 하기 시작했어요. 그 모습을 본 사육사들은 깜짝 놀라 예쁜이와 격리시키려 했지요. 그런데 갑자기 예쁜이가 손짓으로 말을 하기 시작했어요. 티비를 부순 건 바로 나에요. 라고 말이에요. 그 모습을 본 사람들과 고릴라는 황당해하면서도 웃음이 나왔답니다.

- 동화를 회상한다.

– 동화책에 누가 나왔었지?
– 동화책에 나온 고릴라와 고양이 '예쁜이'는 무슨 사이였니?

- 고릴라가 곤경에 빠져있을 때 예쁜이가 도와줬었지?
- '친구'가 사라지면 어떤 생각이 드니?
- 이걸 우리는 제거하기라고 부를 거야
- '친구'가 다른 형태나 모양으로 바뀌면 어떻게 사이좋게 지낼 수 있을까?
- 이걸 우리는 수정하기라고 부를 거야
- '친구'가 개미처럼 엄청나게 작아지면 어떻게 사이좋게 지낼 수 있을까?
- 이걸 우리는 축소하기라고 부를 거야
- '친구'가 공룡이나 코끼리처럼 엄청나게 커지면 어떻게 사이좋게 지낼 수 있을까?
- 이걸 우리는 확대하기라고 부를 거야
- '친구'와 무엇을 더 하면 사이좋게 지낼 수 있을까?
- 이걸 우리는 결합하기라고 부를 거야
- 선생님이 이 다섯 가지를 뽑기 통 안에 넣어둘 건데 각자 하나씩 뽑아서 나온 것으로 활동지에 적는 활동을 해볼 거야

활동에 대해 평가한다.

- 자신이 적은 활동지를 소개해 볼 친구가 있니?
- 스캠퍼를 활용해서 활동지에 '친구'에 대해 적어보았었지?

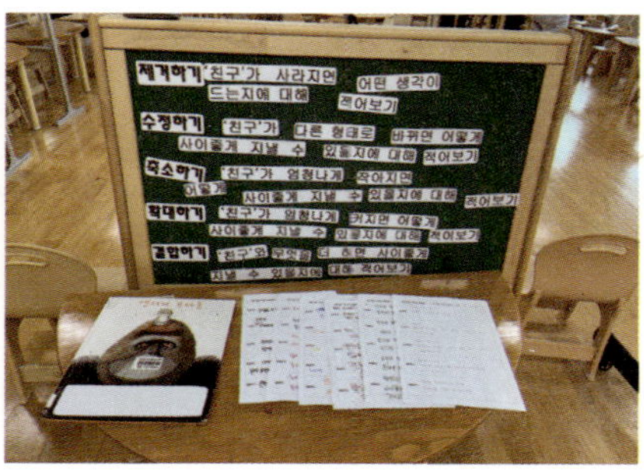

아기돼지 삼형제

1. 창의적 사고기법 : 속성열거법

속성열거법
대상의 전체나 부분, 절차에 대한 대표적인 성질이나 형태를 기술

2. 활동 목표

- 책에 나타나는 주인공의 성격에 대해 알고, 등장인물을 소개할 수 있다.
- 자신의 경험과 생각을 자신 있게 표현한다.

3. 누리과정 관련요소

- 의사소통 〉 듣기와 말하기 〉 말이나 이야기를 관심 있게 듣는다.
- 의사소통 〉 책과 이야기 즐기기 〉 책에 관심을 가지고 상상하기를 즐긴다.
- 의사소통 〉 읽기와 쓰기에 관심 가지기 〉 자신의 생각을 글자와 비슷한 형태로 표현한다.

4. 활동 자료

등장인물 성격 카드, PPT 동화, 동극 자료 머리띠

5. 활동 방법

손 유희로 흥미를 끈다.

– 우리 선생님과 함께 손 유희를 해볼까?

첫 번째 돼지가 집을 짓는데 짚으로 짚으로 집을 짓는데
늑대가 나타나 늑대가 나타나 "후~~ 후~~" 무너져 버렸데요
두 번째 돼지가 집을 짓는데 나무로 나무로 집을 짓는데
늑대가 나타나 늑대가 나타나 "후~~ 후~~" 무너져 버렸데요
세 번째 돼지가 집을 짓는데 벽돌로 벽돌로 집을 짓는데
늑대가 나타나 늑대가 나타나 "후~~ 후~~" 무너지지 않았데요

책의 표지를 보여준다

- 손 유희에서 누가 나왔지?
- 오늘의 주인공은 아기돼지 삼형제야

동화를 듣는다.

옛날에 어느 마을에 사는 아기돼지 삼형제는 각자 집을 짓기로 한다. 첫째 돼지는 재활용품을 이용한 우산으로, 둘째 돼지는 판자로, 그리고 셋째 돼지는 벽돌로 각각 집을 짓는다.

동화를 회상한다.

- 선생님이 읽어준 동화책 재밌게 잘 들어봤니?
- 이 책에는 누가 나왔니?
- 왜 등장인물 중에 그 친구가 기억에 남았니?

소개하고 싶은 인물 정하기

- 소개해 볼 인물들을 정해 볼 거야
- 우리가 가장 먼저 첫 번째 돼지를 해 볼 친구가 있을까?
- 막내 돼지를 해 볼 친구가 있을까?
- 늑대를 소개해 볼 친구가 있을까?

동극을 통해 직접 역할을 해본 후 소감 이야기하기

- 자신이 하고 싶은 역할을 전해 볼 수 있을까?

활동에 대해 평가한다.

- 첫 번째 돼지가 다른 성격이었다면 어땠을까?
- 여우가 부끄러움이 많은 성격이었다면 어땠을까?

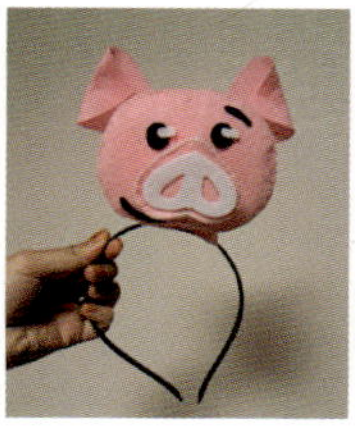

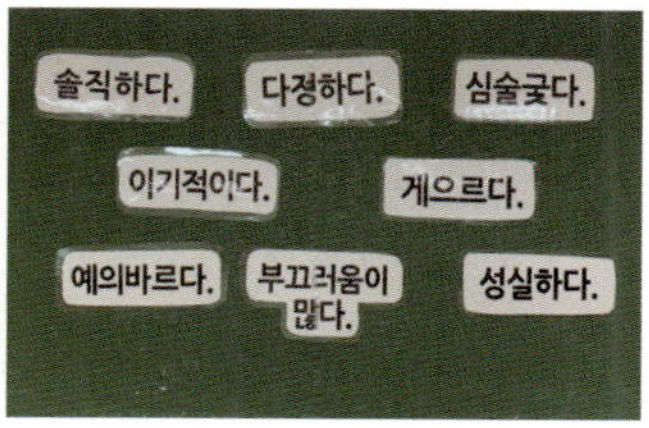

나비

1. 논술 기법: 시간축 사고기법

시간축 사고기법
– 사고의 시간을 현재에서 미래 과거로 옮겨서 문제나 대상을 생각해본다.

2. 활동 목표

- 나비의 성장 과정을 안다.
- 나비의 성장 과정을 관찰하고 순서대로 나열할 수 있다.
- 나비의 성장 과정을 설명하는 친구들의 이야기를 경청한다.

3. 누리과정 관련요소

- 의사소통 〉 듣기와 말하기 〉 말이나 이야기를 관심 있게 듣는다.
- 의사소통 〉 듣기와 말하기 〉 자신의 경험, 느낌, 생각을 말한다.
- 자연탐구 〉 탐구과정 즐기기 〉 궁금한 것을 탐구하는 과정에서 즐겁게 참여한다.

4. 활동 자료

- 나비의 성장 과정판(알, 애벌레, 번데기, 나비 모양), 알, 애벌레, 번데기, 나비 조각 스티커, 나만의 책, 사인펜, 색연필

5. 활동 방법

수수께끼로 흥미를 끈다.

– 선생님이 수수께끼를 가지고 왔어. 모두 맞춰보자.

〈수수께끼 내용〉

- 나는 꽃을 좋아해요.
- 나는 더듬이가 있어요.
- 나는 날개가 있어요.
- 나는 하늘을 날아요.

- 친구들은 유치원을 오면서 나비를 본 적이 있니?
- 어떤 나비를 보았니?

책의 표지를 보여준다

- 수수께끼에서 누가 나왔지?
- 오늘의 주인공은 나비야

동화를 듣는다.

〈나비의 성장 과정 이야기〉

나는 알에서 태어나. 알에서 몇 밤 자다 보면 노란색 애벌레가 되지. 배가 고파서 잎사귀를 먹으면서 초록색으로 변신해. 변한 나는 4번 껍질을 벗고, 점점 커지지. 커진 내가 15 밤이 지나면, 다시 잠을 자기 위한 준비를 해. 입에서 실을 내어 몸을 단단하게 고정시키고, 허물을 뒤로 보내며 번데기가 되지. 일곱 밤이 지나면 번데기에서 나와 구겨진 날개를 말리고, 피면 훨훨 나는 나비가 되는 거야.

동화를 회상한다.

- 선생님이 읽어준 동화책 재밌게 잘 들어봤니?
- 나비가 하는 이야기를 잘 들어봤니?
- 나비가 알에서 태어날 때 어떤 기분이 들까?
- 번데기가 되기 위해 허물을 어떻게 벗을까?
- 나비가 되어 훨훨 날아갈 때는?

– 나비의 성장 과정을 듣고 어떤 생각이 들었어?

자신의 나비책 소개하기

–모두 나만의 나비의 성장 과정 책을 잘 만들어 보았니?

–자신의 책을 발표해 볼 친구가 있을까?

활동에 대해 평가한다.

– 나만의 성장 과정 책을 만들면서 알게 된 점이 있니?

– 활동하면서 어려웠던 점이 있었니?

– 다음에는 어떻게 해보면 좋을까?

구멍을 주웠어

1. 논술 기법 : 강제결합

강제 결합
– 관계 없을 것 같은 물건이나 아이디어를 강제로 관련시키는 사고기법

2. 활동 목표

- 친구들의 생각과 의견에 대해 존중하고 이해하는 태도를 기른다.
- 자신의 생각을 알고 말할 수 있다.
- 구멍의 알맞은 쓰임새에 대해 안다.

3. 누리과정 관련요소

- 의사소통 〉 자신의 경험, 느낌, 생각을 말한다.
- 사회관계 〉 더불어 생활하기 〉 서로 다른 감정, 생각, 행동을 존중한다.
- 예술경험 〉 아름다움 찾아보기 〉 자연과 생활에서 아름다움을 느끼고 즐긴다.

4. 활동 자료

동화(구멍을 주웠어), 페트병, 앞치마

5. 활동 방법

앞치마로 흥미를 끈다.

– 선생님의 앞치마를 자세히 보면 무엇이 보이니?
– 앞치마에 귀여운 그림도 보이지만 커다란 주머니도 보이네?
– 이렇게 사람들 옷을 보면 구멍을 내서 주머니로 만들어진 옷을 찾아볼 수 있는데, 너희들도 이러한 옷이 있니?

- 책의 표지의 제목을 가리고 보여준다

– 동화를 다 듣고 나서 제목에 대해 이야기 나눠보도록 하자.

- 동화를 듣기 전에 동화의 제목이 무엇일 거 같니?
- 왜 그렇게 생각했니?

동화를 듣는다.

어느 날 찰리는 구멍 하나를 발견했어.
누구의 것도 아닌 찰리만의 구멍이었지. 찰리는 구멍을 주워 바지 주머니에 넣었단다. 그런데 구멍이 바지 주머니를 구멍 내고 말았어.
도대체 이 구멍은 나한테 쓸모가 업네. 그럼 누구에게 쓸모가 있을까?
찰리는 구멍이 꼭 필요한 새 주인을 찾으러 길을 나섰단다.

동화를 회상한다.

- 우리가 읽은 동화의 제목은 무엇일 거 같은지 이야기 해볼 친구가 있니?
- 왜 그렇게 생각하니?
- 정말 다양한 동화책의 제목을 생각해주었구나.
- 동화책의 제목은 '구멍을 주웠어' 였어.
- '구멍을 주웠어' 동화를 읽어보았는데, 주인공이 누구였는지 기억하는 친구가 있니?
- 찰리는 구멍을 가지고 어디를 향했니?
- 파충류 가게도 가고, 배 수리점 아저씨 가게도 가고, 옷 수선가게, 정원사, 도넛 가게 정말 많은 곳을 향했었지.
- 찰리가 배 수리점 아저씨에게도 아저씨 이 구멍 가질래요? 하였는데, 아저씨가 뭐라고 했지?

소개하고 싶은 인물 정하기

- 찰리가 향한 곳에서는 구멍을 받아줬을까?
- 구멍을 모두 받아주지 않았구나. 왜 받아주지 않았을까?
- 우리 주변에서 구멍을 찾아보면 무엇이 있을 것 같니?
- 우리의 신체에서 구멍을 찾아보자.

– 우리 유치원에 구멍이 엄청 많이 있다면 어떻게 될까?

- 활동에 대해 평가한다.

– 친구들이 찰리처럼 구멍을 가지게 된다면 무엇을 하고 싶은지 앞에 나와서 친구들에게 이야기해줄 친구가 있을까?

– 동화를 들으면서 가장 기억에 남는 장면은 어떤 것이 있었니?

유아 논리 및 논술

CHAPTER 03

글쓰기에 따른 활동

까만크레파스

1. 논술기법 : 글씨쓰기

2. 활동 목표

- 나의 소중함에 대해서 안다
- 나의 가치에 대해 이야기 할 수 있다.

3. 누리과정관련요소

- 사회관계 〉 나를 알고 존중하기 〉 나를 알고 소중히 여긴다
- 의사소통 〉 읽기와 쓰기에 관심 가지기 〉 자신의 생각을 글자와 비슷한 형태로 표현한다
- 의사소통 〉 책과 이야기 즐기기 〉 동화, 동시에서 말의 재미를 느낀다

4. 활동 자료

도입전화 소리, 까만 크레파스 융판 동화 자료, 스크레치 페이퍼, 나무막대

5. 활동 방법

편지를 통해 주의집중을 한다.

– 우리 반에 전화가 한 통 왔어 선생님이 받아볼게

> 안녕 친구들! 나는 까망이라고 해.
> 내가 속상한 일이 있어서 편지를 썼어. 내 친구들이 그림을 그리고 있어서 나도 같이 그리고 싶다고 말했는데 아무도 나를 끼워주지 않았어.. 내가 까만색이라서 그림을 망칠거래. 그래서 나는 너무 속상했어.. 그래도 친구들이 내 편지를 읽어줄거라고 생각하니까 조금 기분이 풀리는 것 같아! 다음에 내가 교실로 놀러 갈게~ 안녕!

– 우리 반에 누가 전화를 했지?
– 까망이 기분이 어떻다고 했니?

동화를 듣는다

크레파스통을 탈출한 노랑이는 종이를 발견하고 나비를 그렸어요. 기분이 좋아진 노랑이는 빨강이와 분홍이를 불렀고 빨강이는 튤립을 분홍이는 코스모스를 그렸어요. 이파리를 그리기 위해 초록이와 연두를 불렀어요. 크레파스 친구들은 그리기에만 너무 열중을 해서 그림은 엉망진창이 되어버렸어요.

동화를 회상한다.

– 동화에 누가 나왔었니?
– 왜 친구들은 까망이에게 그림을 그리지 말라고 했었지?
– 그 때 까망이가 뭐라고 말했었니?
– 그 때 까망이의 기분은 어땠을까?
– 그럼 친구들이 까망이 덕분에 불꽃놀이를 할 수 있었다고 말해줬을 때 까망이는 기분이 어떻게 바뀌었을까?
– 그림을 예쁘게 그렸던 빨강이 노랑이 초록이 파랑이 꼭 필요하지만 까맣게 색칠 준 까망이도 꼭 필요한 소중한 존재야.

스크레치 페이퍼에 자신의 칭찬을 써본다.

– 까망이가 우리 반 친구들이 전화를 너무 잘 받아줘서 우리 반에 선물을 보내줬어
– 아까 선생님이 소중하다고 더 많이 느껴질 때가 언제라고 했었지?
– 그래서 우리가 여기에 자기 자신을 칭찬해보는 글을 써 볼 거야.
– 선생님이 막대를 나누어 주면 스스로를 칭찬하는 말을 써보자.
– 누가 한번 앞에 나와서 자신이 쓴 글씨를 읽어볼까?

5. 활동을 마무리한다.

- 오늘 우리가 어떤 것을 해보았지?
- 동화에서는 어떤 장면이 가장 기억에 남니?
- 활동하면서 어려웠던 점이 있었니?
- 다음시간에는 서로를 칭찬해요 게임을 해보도록 하자

활동을 마무리한다

- 누가 나와서 자신이 받은 칭찬을 이야기해볼까?
- 오늘 활동을 하면서 재밌었었던 점이 있었니?

멋진 공룡이 될 거야

1. 논술 기법: 편지쓰기

2. 활동 목표

- 그림책을 읽고 난 후 주인공에게 자신의 생각을 이야기할 수 있다.
- 편지 쓰는 방법에 대해 알고 스스로 편지를 작성할 수 있다.
- 우체통의 사용 방법을 이해할 수 있다.

3. 누리과정 관련요소

- 의사소통 〉 듣기와 말하기 〉 말이나 이야기를 관심 있게 듣는다.
- 의사소통 〉 읽기와 쓰기에 관심 가지기 〉 말과 글의 관계에 관심을 가진다.
- 의사소통 〉 책과 이야기 즐기기 〉 책에 관심을 가지고 상상하기를 즐긴다.

4. 활동 자료

'멋진 공룡이 될 거야' 주인공의 공룡 얼굴 사진, 편지 쓰는 순서 책 교구, 편지지, 편지봉투, 색연필, 사인펜, 우체통 교구

5. 활동 방법

책의 표지를 보여준다

- 손유희에서 누가 나왔지?
- 오늘의 주인공은 공룡 티티란다.
- 티티에게 무슨 일이 있는지 알아볼까?

동화를 듣는다.

여기, 멋진 공룡이 되고 싶어하는 공룡이 있다. 마을을 이곳저곳 누비며 멋진 공룡이 되기 위해 노력하는 주인공에게는 귀여운 반전이 숨어 있다. 주인공이 생각하는 진짜 멋진 공룡이란 무엇일까?

동화를 회상한다.

- 선생님이 읽어준 동화책 재밌게 잘 들어봤니?
- 티티에게 편지를 써주자.
- 편지가 무엇인지 알고 있니?
- 옛날에는 어떤 소식을 말할 때 직접 만날 수 없어서 편지로 이야기를 전달했는데 요즘에는 직접 만날 수 있어도 말로 표현하기 힘들 때나 편지를 쓰고 싶을때 언제든지 편지를 쓰고 있어.
- 편지는 어떻게 적는지 알고 있니?

활동에 대해 평가한다.

- 첫 번째 돼지가 다른 성격이었다면 어땠을까?
- 여우가 부끄러움이 많은 성격이었다면 어땠을까?

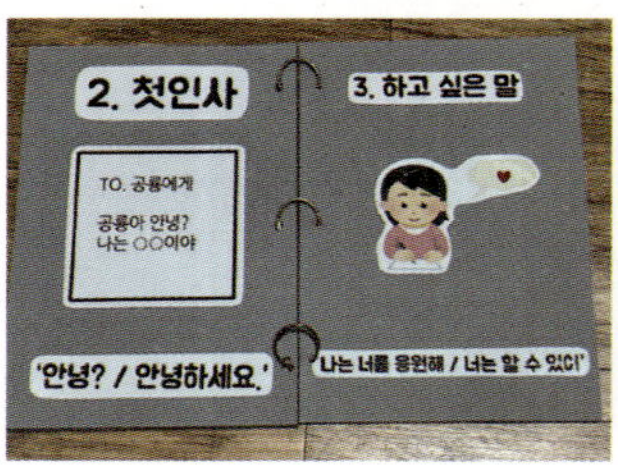

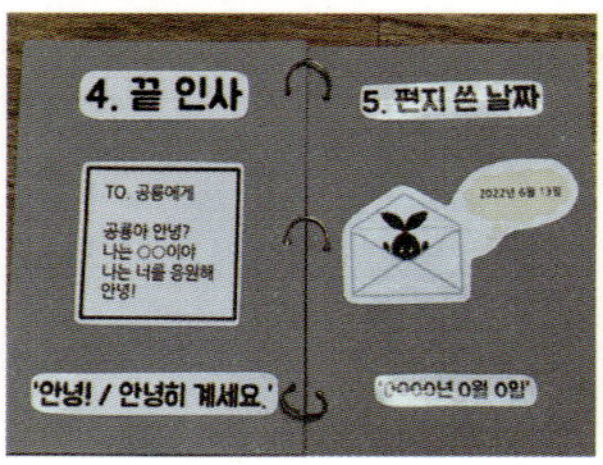

삐약이 일기

1. 논술 기법: 일기쓰기

2. 활동 목표

- 실감 나는 대화가 무엇인지 알 수 있다.
- 대화 내용을 기억하여 글자 내용으로 쓸 수 있다.
- 큰따옴표의 표시를 이용하여 실감나는 일기를 만들 수 있다.

3. 누리과정 관련요소

- 의사소통 〉 듣기와 말하기 〉 말이나 이야기를 관심 있게 듣는다.
- 의사소통 〉 듣기와 말하기 〉 자신의 경험, 느낌, 생각을 말한다.
- 의사소통 〉 읽기와 쓰기에 관심 가지기 〉 자신의 생각을 글자와 비슷한 형태로 표현한다.

4. 활동 자료

큰따옴표, 큰따옴표 의미 수업자료, 병아리 인형, 미리 만들어 놓은 일기 1개, 일기 활동지, 큰따옴표 안의 내용이 빈 일기판. 대화내용 칸 코팅지, 궁그미 상자

5. 활동 방법

삐약이로 흥미를 끈다.

– 소개할 친구는 병아리야. 병아리 이름은 삐약이라고 해. 우리 삐약이가 친구들에게 고민을 말해주고 싶어서 찾아왔단다.

- 얘들아 안녕! 너희들이 나 불렀니? 너희들 내 이름 뭔지 알아? 난 사실 고민이 있어서 너희들을 찾아왔어. 내가 일기를 썼는데 일기가 너무 재미없는 거 같애. 그래서 더 재미있게 하려고 일기에 그때 상황마다 내가 말했던 대화 내용을 넣어보려고 하는데 너희들이 좀 도와줄 수 있니?

- 삐약이가 일기를 썼는데 일기가 어떻다고 했지?

큰따옴표 알기

- 일기를 쓸 때 우리 친구들이 그 상황에서 말한 대화 내용을 써넣을 때 쓰는 표시야. 친구들이 이 표시를 써서 그 안에 대화 내용을 넣으면 더 재밌고, 실제로 체험하는 듯한 느낌이 드는 일기를 만들 수 있어. 그리고 처음에 쓰는 큰따옴표는 머리가 어떻게 생겼지?

오늘 엄마 아빠와 놀이공원을 갔다. 엄마 아빠가 솜사탕을 사주셔서 내가 "　　" 라고 말했다. 너무 행복했다.

- 큰따옴표 안이 비었네? 우리 삐약이가 이 안에 들어갈 어떤 대화를 했는지 기억이 안 나나 봐. 우리 친구들이 한번 도와줘 보자.
- 친구들은 이 큰따옴표 안에 무슨 말을 넣고 싶어?
- 선생님이 친구들이 다섯 개의 대화 내용을 말할 수 있게 빈칸을 만들어왔어. 손들고 얘기해볼까?
- 우리 친구들이 말한 것 중에서 선생님이 궁그미 상자를 준비했어. 여기에는 숫자가 적힌 공이 있는데 여기서 뽑힌 번호의 대화를 한번 적어볼 거야

활동에 대해 평가한다.

- 얘들아 대화 일기 다 쓴 친구들은 선생님한테 내고 자리에 앉아보자.
- 나와서 일기를 친구들에게 소개해볼 친구 있니? 소개해 줄 때 큰따옴표에 있는 말은 실감나게 읽어보는 거야!

삐비약이의 하루
인물이 소리 내어 한 말을 적을 때 쓴다.
큰따옴표

약속판 만들기

1. 논술 기법: 일기쓰기

2. 활동 목표

- 바깥놀이를 할 때 지켜야 할 약속들을 알아본다.
- 나의 생각에 맞게 동요를 개사하여 불러본다.
- 노래를 부르며 안전 약속을 실천한다.
- 동요 부르기를 즐긴다.

3. 누리과정 관련요소

- 신체운동·건강 〉 안전하게 생활하기 〉 일상에서 안전하게 놀이하고 생활한다.
- 의사소통 〉 듣기와 말하기 〉 자신의 경험, 느낌, 생각을 말한다.
- 예술경험 〉 창의적으로 표현하기 〉 노래를 즐겨 부른다.

4. 활동 자료

약속판, 놀이터 사진

5. 활동 방법

- 바깥놀이터에서의 약속을 회상한다.
  - 안전하게 바깥놀이를 하기 위해서 지켜야 할 약속들은 무엇이 있었는지 기억나니?
  - 미끄럼틀을 탈 때는 어떻게 해야 된다고 했지?
  - 그네를 사용할 때는 어떻게 해야 될까?
  - 시소를 탈 땐 어떻게 해야 된다고 했지?
- 꼭꼭약속해 노래 듣기
  - '꼭꼭 약속해' 동요를 알고 있니?

너하고 나는 친구 되어서 사이좋게 지내자
새끼손가락 고리 걸고 꼭 꼭 약속해
싸움 하면은 친구 아니야 사랑하고 지내자
새끼손가락 고리 걸고 꼭 꼭 약속해

- 우리 안전하게 놀이하기 위한 약속들에 대해 이야기 나눴는데 그 약속들을 동요의 노랫말로 바꿔 보면 어떨까?
- 노랫말 중에서 어떤 부분을 바꿔보면 좋을까?
- 먼저 미끄럼틀을 탈 때는 어떤 점을 주의해야 된다고 했지?
- 그래, 자기 순서를 지켜야 된다고 했지.
- 그럼 이 부분을 어떻게 바꿔볼 수 있을까? 글자 수가 몇 글자이니?

활동에 대해 평가한다.

- 오늘 어떤 활동을 했지?
- 동요의 가사를 바꿔서 불러보니 어땠니?
- 어떤 점이 재미있었니?

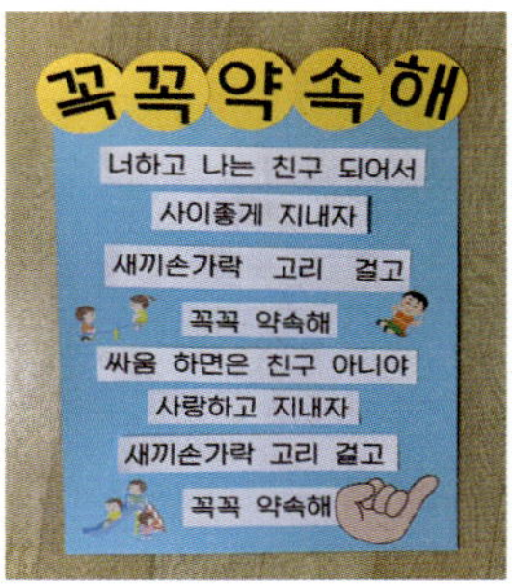

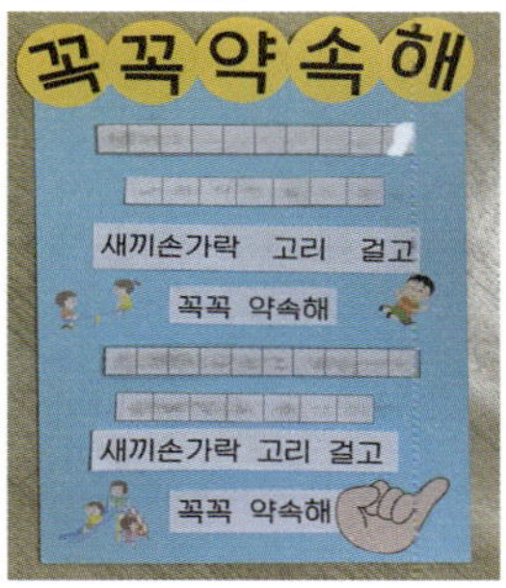

수업자료 해답

CHAPTER 01 사고와 사고력

수업자료〈1–1〉

01 QR코드 참고

02

교수자 읽을 거리〉 오랜 옛날 서양의 철학자가 살고 있었습니다 그 철학자는 아주 먼 나라까지 이름이 나서 많은 사람들이 그의 가르침을 받으러 모여들었습니다. 그런데 어느 날 한 젊은이가 찾아와서 이렇게 물었습니다. "선생님, '사람'이 대체 무엇입니까?" 철학자는 곰곰이 생각하다가 대답했습니다.

"사람이란 두발로 걸어다니는 동물이다" 그 말을 듣고 젊은이는 고개를 끄덕이며 돌아갔습니다.

그런데 다음날 젊은이는 닭 한 마리를 가져왔습니다. "선생님 이놈은 두발로 걸어다니는데 그러면 닭도 사람입니까?" 철학자는 담시 생각하다가 말했습니다. "사람이란 두발로 걸어다니면서 날개가 없는 동물이다"그 말을 듣고 젊은이는 다시 고개를 끄덕이며 돌아갔습니다

다음날 젊은이는 고릴라를 한 마리 데려왔습니다 "선생님 이놈은 두발로 걸어다니면서 날개도 없는데 그러면 고릴라도 사람입니까?" 철학자는 잠시 생각하다 말했습니다 "사람이란 두발로 걸어다니면서 날개가 없으며 또 털도 없는 동물이다" 그 말을 듣고 젊은이는 다시 고개를 끄덕이며 돌아갔습니다.

다음날 젊은이는 고릴라의 털을 면도칼로 박박 밀어 가지고 데려왔습니다 "선생님 이놈은 두발로 걸어 다니면서 날개가 없으며 또 털도 없습니다. 그러면 이놈은 사람입니까?" 철학자는 잠시 생각하다가 빙그레 굴으며 말했습니다. "자네는 참 영리한 친구로구만 이제 내가 사람이란 무엇인지 분명하게 말해주지, 사람이란 바로 자네처럼 생각하는 동물이라네"

출처: 논리야 놀자

03

자신의 생각 작성

04

사람들은 어떤 상황에 직면하였을 때 자신이 가진 지능과 성격에 따라 다양한 방법을 사용하기 때문이다. 그에 따라 사고양식이 나누어질 수 있다.

05

사람들은 어떤 상황에 직면하였을 때 자신이 가진 지능과 성격에 따라 다양한 방법을 사용하기 때문이다. 그에 따라 사고양식이 나누어질 수 있다.

수업자료〈1-2〉

01 QR코드 참고

02
엄마아빠 공통점 - 나를 사랑한다.

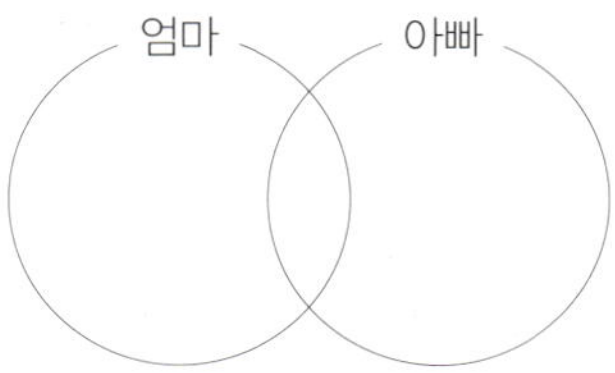

엄마 - 쇼핑을 좋아한다.
여자다
아빠 - 주말에 자는 것을 좋아한다.
남자다

03 p30 참고

04
답 : C
A, B가 참일 때 CDE는 거짓이 되므로 거짓은 두 개라는 전제를 벗어남
AB와 대립하는 E가 참일 때 AB는 거짓이되고 CDE의 진술에 따라 ABDE는 제외되고 C가 남음.

05
교수자 읽을 거리〉 조선시대 간택을 하는 과정에 있어 가문의 교육정도나 자태, 기품은 물론 마음에 대한 전반적인 면접을 진행하였다. 영조임금이 친히 간택에 참여하였을 때의 질문이다. "세상에서 가장 깊은 것은 무엇인가?" "산이 깊사옵니다" "물이 깊사옵니다" 대답이 다양하게 나왔다. 이때 순정왕후는 이렇게 대답하였다 " 사람의 마음이 가장 깊사옵니다" 왕이 그 까닭을 묻자 왕후는 이렇게 대답했다. "만물은 다 깊이를 잴 수 있지만 사람의 마음은 깊이를 젤 수 없기 때문입니다." 속담에 열길 물속은 알아도 한길 사람속은 모른다라는 말이 있다. 마음은 미묘한 존재라 자기 자신도 자기 마음을 모를 때가 있다.

출처: 조선시대 간택 문항 일부

06 p33 참고

CHAPTER 02 논리적 사고

수업자료〈2-1〉

01
답: 3
몸이 좋지 않다는 것은 가장 모호한 표현이다. 점점 더 구체적인 표현을 찾아가면 된다

02
점수가 높을수록 논리적 사고성향이 높습니다. p40의 내용을 잘 살펴보세요.

03 QR코드 참고

04 p55 참고

05
답 : 형구

	먹을 것을 잘사줌	같이 잘 놀기	공부를 잘함	인기있음	점수
영희	x	o	x	o	2
은미	o	x	o	x	2
형구	o	o	x	o	3
은호	x	x	o	x	1

수업자료 〈2-2〉

01

〈BTS는 멋지다〉라는 문장에서 전세계적으로 대부분의 사람이 BTS를 멋지다고 생각할 것이다. 그러나 누군가는 BTS 중 누군가가 멋지다고 생각하지 않을 수 있기 때문에 이 문장을 거짓이라고 생각할 수 있다. 그렇기 때문에 이 문장은 명제라고 할 수 없다. 〈BTS는 7명이다.〉 이 문장은 BTS는 7명으로 구성되어 있기 때문에 참이라고 결론을 내릴 수 있다 참이나 거짓을 판별할 수 있는 문장은 명제라고 할 수 있다. 〈유재석은 BTS이다〉의 문장에서 유재석은 BTS의 멤버가 아니기 때문에 거짓이다. 이 문장도 거짓으로 판별할 수 있는 문장이므로 명제이다.

02

- 칭찬 스티커판은 유아로 하여금 선생님 말씀을 잘 듣게 한다.(사실논제)
- 칭찬 스티커판은 필요하다.(가치논제)
- 우리 교실에 칭찬 스티커판을 설치해야 한다.(정책논제)

03

논증만들기

1) QR코드 참고

2) 논제 사례. "결혼은 해야한다" VS "결혼을 하지 할 필요가 없다"

① 주장

'결혼을 해야 한다.' 혹은 '결혼을 해서는 안 된다.'

② 이유

자신의 주장을 뒷받침할 수 있는 이유 정리'결혼은 자아실현에 방해가 되기 때문이다."대를 이어 문화를 유지할 수 있다"자아실현에 방해가 된다면 결혼을 할 필요가 없다."문화가 유지되기 위해서는 결혼을 해야 한다.'

③ 증거

'요즘 젊은이들은 결혼보다 자아실현의 꿈을 더 중요시한다. 아이를 낳지 않고 맞벌이 하는 DINK족이 늘어난다는 통계가 그 사례이다.'

④ 강조

'결혼을 해서는 안 된다. 결혼은 자아실현에 방해가 되기 때문이다. 요즘 젊은이들은 결혼보다 자아실현의 꿈을 더 중요시한다. 아이를 낳지 않고 맞벌이하며 인생을 즐기는 DINK족이 늘고 있다는 통계가 그 사례이다. 그러므로 누구나 결혼을 해야 한다는 주장은 잘못이다.'

CHAPTER 03 창의적 사고

수업자료〈3-1〉

01

자신이 창의적이라고 생각하는지 창의적이지 않다고 생각하는지 생각해보고 그 이유를 작성한 후, 함께 이야기 나눈다.

02

1. 모든 사람은 창의성을 가지고 있고, 자연스러운 인간의 능력이다.
2. 창의성은 교육을 통해 능력을 향상시킬 수 있다.
3. 창의적인 것은 완전히 새로워야 한다는 것이 아니다. 창의적으로 사고한다는 것은 이전의 다른 사람의 아이디어나 산출물을 이용하지 않는 것은 없다.
4. 창의적인 사람들에게는 아이디어가 쉽게 나오는 것으로 여기기 쉬운데, 엄청난 노력을 한다. 창의적인 산출물로 구체화하기 위해서는 오랜 시간이 걸린다. 정도의 차이는 있지만 노력을 많이 해야 창의적인 산출물이 나오게 된다.
5. 많은 사람이 창의적인 사람은 실패는 절대로 하지 않을 것이라고 생각하지만 실제로 창의적인 사람도 실패를 한다.

03

자신이 생각하는 창의적인 사람과 그 이유에 대해 이야기나눈다

04 QR코드 참고

05

종이컵 사용법에 더해 생각해보고 이야기나눈다 (떠오르는 대로 모두 작성해본다)

04

시간을 정하고 제한된 시간내에 그려본다

수업자료〈3-2〉

01

- 3가지 서로 다른 이야기를 선정한 후, 병렬적으로 강제결합해본 후 이야기 나눈다.
- 3가지 서로 다른 이야기의 주인공, 사건, 장소를 선정한 후, 강제결합해 본 후 이야기 나눈다.

• 서로 다른 사물 3가지를 선정한 후, 결합해보고 이야기 나눈다.

02
〈3장〉에 제시된 스캠퍼 질문의 예시를 참고하도록 한다.

CHAPTER 04 유아와 사고

수업자료〈4-1〉

01 p99 참고

02 QR코드 참고

03
자신의 생각을 적어보세요

04
p111 참고하여 자신의 생각을 적어보세요

CHAPTER 05 논술

수업자료〈5-1〉

01
[점수]
• ①은 4점, ②는 6점, ③은 8점, ④는 10점을 부여한다.
• 각 점수를 합산한다.
[평가방법]
• 80점 이상 – 어느 곳에서나 말을 잘 하는 사람이다.
• 50점 이상 – 약간의 연습을 하면 자신감을 더 가질 수 있다.
• 40점~49점 – 타인 앞에서 말하는 연습이 필요하다.

02
[점수]
• ①은 10점, ②는 8점, ③은 6점, ④는 4점을 부여한다.
• 각 점수를 합산한다.
[평가방법]
• 80점 이상 – 자신의 의견을 정확하게 전달하고 있는 편이다.
• 50점 이상 – 약간의 연습으로 자신의 의견을 정확하게 표현할 수 있다.
• 40점~49점 – 정확한 의사표현을 위한 연습을 해야 한다.

03

〈반론〉

〈수정된 논증〉

반론을 예측해보고 논증을 한다.

참고문헌

참고문헌

교육부 · 복지복지부 (2019). 2019 개정 누리과정 해설서.

구연상 (2007). 글쓰기와 논술. 철학과 문화, 15. 1-27.

구정화 (2009). 학교 토론수업의 이해와 실천. 경기: 교육과학사.

글로비스 경영대학원 (2019). 그리티컬 씽킹. 새로운제안.

권도형 · 김경돈 · 김태훈 · 유지원(2010). 영어토론의 달인들. 서울: 다산북스.

권이은 (2022). 문해력을 키우는 책육아의 힘. 서울: 유아이북스.

기타무라 료코 (2018) 어떻게 사고할 것인가 – 33가지 사고실험을 중심으로. 기타무라 료코 지음, 김정환 옮김 저. 까치

김명숙 · 박정 · 김영정 · 민창홍 · 오희숙 (2002). 사고력 검사 개발 연구(Ⅱ): 비판적 사고력 검사 제작편. 한국교육과정평가원.

김승희 (2018). 논리와 논술. 서울: 창지사.

김영채 (2004). 창의적 문제 해결: 창의력의 이론 개발과 이론. 서울: 교육과학사.

김정섭 (2004). 교사를 위한 교육심리학 경기: 서현사

김종률 (2010). 고차적 사고력과 논술교육 연구: 다산정약용의 논술 텍스트 중심으로. 경남대학교 대학원 박사학위논문.

김주환 (2009). 교실토론의 방법. 서울: 우리학교.

김재봉 (2016). 언어 심리 기반의 말하기와 글쓰기 이해와 활용. 서울: 형설출판사

김혜숙, 박인보, 김주현, 남진희, 임경희(2011). 생각을 키우는 토론수업 레시피. 경기: 교육과학사.

나은숙 · 윤희경 · 오완숙 · 황혜경 · 이금구 (2020). 유아교과 논리 · 논술 · 창의교육. 서울: 창지사.

박상준 (2006). 사회과 교육의 이론과 실제. 서울: 교육과학사.

박찬옥 · 서동미 · 곽현주 · 엄은나 · 이예숙 · 홍찬의 (2020). 유아교사를 위한 논리논술교육. 경기: 정민사.

박찬옥·지성애·조형숙·서동미·곽현주 (2010). 유아교사를 위한 논리 창의 교육. 경기: 정민사.

박찬옥·지성애·조형숙·서동미·곽현주·엄은나·한진원·김현주·김민정·홍찬의 (2013). 유아교사를 위한 논리·창의교육. 경기: 정민사.

복주환 (2017). 생각정리스킬. 서울: 천그루숲.

복주환 (2018). 생각정리스피치. 서울: 천그루숲.

삼십육오커뮤니케이션즈 (2021). 비판적 사고력 향상 프로젝트. 서울: 에듀진.

성일제 (1989). 사고교육의 이론과 실제. 서울: 배영사.

신광재, 백지원, 양수진, 오세호, 이선영(2011). 토론을 알면 수업이 바뀐다. 경기: ㈜창비.

신원애·정상녀 (2019). 유아교과 논리 및 논술. 서울: 창지사.

여은호·박경우 (2009). 말하기의 중요성에 대한 한국인들의 인식에 관한 탐색적 연구. 언론과학연구, 9(4), 435-463.

여희숙 (2011). 토론하는 교실. 경기: 파란자전거.

유동걸 (2012). 토론의 전사. 서울: 해냄에듀.

유순근 (2018). 논리와 오류-비판적 사고와 논증-. 서울: 박영사.

이재욱 (2021). 뇌성마비학생의 사고력 향상을 위한 웹 기반 탐구 학습 환경 개발 및 적용 연구. 한국교원대학교 대학원 박사학위논문.

이차숙 (2005). 유아언어교육의 이론과 실제. 서울: 학지사.

전경원(2004). 창의학. 서울: 학문사

전경원·박인영·김경숙·오한나 (2020). 발문 중심의 유아 창의성 교육. 경기: 정민사.

정은주 (2019). 고등학생의 논리적 사고력, 과학탐구능력, 창의적 인성, 사고양식 간의 상관관계. 단국대학교 대학원 박사학위논문.

정재승 (2018). 열두발자국. 서울: 어크로스.

최국남·박순이 (2001). 교사를 위한 유아언어교육. 경기: 양서원.

최훈 (2015). 논리는 나의 힘. 서울: 우리학교.

한유미 (2018). 예비유아교사를 위한 창의적 논리논술. 경기: 어가.

황연성 (2011). 신나는 디베이트. 서울: 이비락.

탁희성·강순미·박상임·김은정 (2021). 2019 개정 누리과정에 따른 유아논리·논술. 경기: 양서원.

Laura E. Berk(1995). 홍용희역 어린이들의 학습에 비계설정. 서울: 창지사

LearningExpress. LLC 저(2019). 하루 20분으로 비판적 사고력 키우기. 서울: 유원북스.

Vygotsky, L. S. (1934). *Thinking and Speech*.

Vygotsky, L. S. (1981). The instrumental method in psychology. In J. V. Wertsch (Ed.), *The concept of activity in Soviet Psychology*. New York: Sharpe.

Vygotsky, L. S. (1986). *Thought and Language*. Massachusetts: MIT Press.

Vygotsky, L. S., & Cole, M. (2000). (비고츠키의) 사회 속의 정신: 고등심리과정의 발달[Mind in society: the development of higher psychological processes]. (황해익 외 역). 경기: 양서원. (원저는 1978년에 출판).

Vygotsky, L. S. (2011). 사고와 언어[Thought and language]. (윤초희 역). 경기: 교육과학사. (원저는 1962년에 출판).

Vygotsky, L. S., Knox, Jane E., Stevens, Carol B., R Teber, Robert W., Carton, & Aaron S. (2002). *The Collected Works of Ls Vygotsky*, Berlin: Kluwer Academic Publishers.

[네이버 지식백과] 논증은 어떻게 만들까? (공부가 새로워지는 토론학습 1교시, 황연성)

[네이버 지식백과] 비고츠키 [Lev Semenovich Vygotsky] (상담학 사전, 2016. 01. 15., 김춘경, 이수연, 이윤주, 정종진, 최웅용)

[네이버 지식백과] 추리와 논리, 오류 알아보기 (공부가 새로워지는 토론학습 1교시, 황연성)

https://steptohealth.co.kr/improve-your-critical-thinking-skills-with-these-6-activities/ - 비판적사고력

https://youaremom.co.kr/play-time/symbolic-thought-in-children-6-exercises/ 상징적사고

저자소개

이혜정

현)백석문화대학교 유아교육과 교수
총신대학교 유아교육과 박사
총신대학교 유아교육과 석사
총신대학교 유아교육과 학사

한주희

현) 백석대학교 유아교육과 교수
중앙대학교 유아교육과 박사
중앙대학교 유아교육과 석사
중앙대학교 유아교육과 학사

유아 논리 및 논술

초 판 1쇄 인쇄 2023년 3월 10일
초 판 1쇄 발행 2023년 3월 15일

지 은 이 | 이혜정 · 한주희
펴 낸 이 | 김기섭
책임편집 | 이현남
펴 낸 곳 | www.changjisa.com
08589 서울시 금천구 가산디지털 1로 83 파트너스타워1차 9층
전화 (02) 719-2211~3
팩스 (02) 701-9386
등 록 | 1977년 4월 28일 · 제1-421호

ISBN 978-89-426-1811-8 (93370)

값 18,000원